삼성처럼 일하라

스마트하고 효율적인 1등의 업무 방식

SAMSUNG

삼성처럼
일하라

문형진 지음

ⓝ 더난출판

삼성처럼 일하라

ⓒ 2010, 문형진

초판 1쇄 인쇄 2010년 11월 15일
초판 1쇄 발행 2010년 11월 22일

지은이 문형진 | **펴낸이** 신경렬 | **펴낸곳** 더난출판

본부장 강용구 | **기획편집부** 차재호 · 민기범 · 성효영 · 박귀영 · 윤현주 | **디자인** 서은영 · 하영은
마케팅 김대두 · 견진수 · 홍영기 · 이언경 · 서영호 | **교육기획** 함승현 · 김종식 · 김승길 · 최정원 · 이경희 · 정수향
관리 김태희 · 양은지 | **제작** 유수경 | **물류** 오수진 · 박진철
기획 이진아 컨텐츠 콜렉션 | **편집책임** 성효영 | **교정교열** 김혜진

출판등록 1990년 6월 21일 제1-1074호 | **주소** 121-840 서울시 마포구 서교동 395-137
전화 (02)325-2525 | **팩스** (02)325-9007
이메일 book@thenanbiz.com | **홈페이지** http://www.thenanbiz.com
ISBN 978-89-8405-645-9 03320

신명나게 일하는 방법을 알려주는 책

— **강석진** 前 GE Korea 회장, 현 CEO 컨설팅 그룹 회장

오늘날 한국은 자동차, 전자, 조선 산업 등 여러 방면에서 세계 최상위 수준으로 도약하고 있다. 이는 우리나라 기업인들의 도전적인 기업가 정신과 열정의 힘을 느끼게 해줄 뿐만 아니라, 그 기업인들과 함께 일하는 직원들이 얼마나 열심이며, 또 경쟁력 있는 일의 방법을 찾아 실천했는지를 잘 보여주고 있다.

이 책에 정리된 이야기는 중소기업과 대기업 현장에서 근무하는 이들이 '신명나게' 일하는 데 큰 도움이 될 것이다. 이 책의 저자인 문형진 전무는 국내 첨단 기업인 삼성SDI에서 근무하면서 좋은 성과를 냈으며 지금은 자동차 부품 분야의 중소기업에서 기획마케팅을 총괄하고 있다. 이 과정에서 그는 대기업과 중소기업을 비교할 수 있는 기회를 가졌을 뿐만 아니라 실제 '현장체험'을 하면서 어떤

것은 중소기업에 활용될 수 있고, 또 어떤 것은 그렇지 못한지를 그 누구보다 잘 알게 되었다. 그 결과 그는 풍성하면서도 잘 만들어진 이 '선물 꾸러미'를 만들어낼 수 있었을 것이다.

그의 '선물 꾸러미'가 얼마나 유용하고, 핵심을 콕콕 찌르는지는 일을 제대로 해본 사람들만이 느낄 수 있는 부분일 것이다. 만약 이러한 것들을 느끼지 못했다면 의심 없이 이 책의 내용을 따라갈 것을 권한다. 일단 이러한 일의 방식에 익숙해지면 삼성이 왜 그토록 '효율적인 일의 방식'에 집착하고 이를 시스템화하려고 했는지 깨닫게 될 것이다.

많은 CEO들과 대화를 나누어보면 경쟁력 있는 인재를 확보하기가 쉽지 않다는 이야기를 자주 듣게 된다. 회사가 필요로 하는 경쟁력 있는 인재들을 회사 내부에서 키우고 싶은 CEO들이 직원들에게 이 책을 읽게 한다면 분명 큰 성과를 거둘 것이다. 이 책은 단순히 업무를 잘하는 방법이나 그에 대한 참고자료뿐 아니라, 긍정적으로 생각하고 바른 방법으로 함께 일하면서 성공하는 것에 대한 이야기를 하고 있다. 때문에 이 책은 여러 사람들, 특히 미래를 꿈꾸는 젊은 세대에게 도움이 되어 우리나라의 인재들이 더욱 신명나게 일하고 더욱 크게 성장해나가는 데 도움이 될 것이다.

꿈과 열정이 있는 직장인들에게
정석이 되는 지침서

— **이관수** 前 삼성전자 정보통신총괄 네트워크 사업본부 부사장

많은 이들이 '삼성의 일하는 방식'을 궁금해하는 것이 사실이다. 삼성처럼만 일한다면 삼성과 같은 강한 조직이 되고, 비전이 뛰어난 회사로 성장할 수 있다고 생각하기 때문이다. 물론 삼성이 일하는 방식에는 분명 다른 점이 있다. 업무규칙, 보고의 방법, 일의 진행절차 등 다양한 점에서 분명한 차이가 있다. '관리의 삼성', '시스템의 삼성'이라는 말은 바로 이러한 업무방식의 총체가 만들어낸 가장 상징적인 말이라고 할 수 있다.

이 책은 그간 출간된 그 어떤 삼성 관련 책보다 디테일하고 생생하게 삼성의 업무방식을 묘사하고 있다. 삼성에서 19년간 일했던 나 역시 이 원고를 읽으면서 지난 일들이 마치 영화의 한 장면처럼 떠올랐다. 힘들고 어려운 일을 헤쳐나가기 위해 부하직원들을 독하

게 몰아붙였던 나 자신의 모습과 그 과정에서 힘들어 하던 부하직원들의 모습이 스쳐지났다. 그리고 그 모든 과정에서 조직원들이 보여주었던 헌신과 열정의 모습들이 어떤 결과를 만들어왔는지도 새삼 추억할 수 있었다.

뛰어난 업무능력을 자신의 것으로 만들 수 있다는 것은 자신의 미래를 개척할 수 있는 훌륭한 무기를 획득한다는 것과 마찬가지의 의미다. 그리고 이를 익히는 데 있어서는 직위고하의 차별이 있을 수 없다. 처음 일을 배우는 신입사원은 이 책을 통해서 체계적이고 명쾌한 방법으로 일하는 자세와 태도, 그리고 디테일한 업무의 프로세스를 배울 수 있을 것이고, 어느 정도 자신의 업무에 익숙한 사람이라면 다시 한 번 자신을 되돌아보고 지금보다 더 나은 상태로 업무의 틀을 개혁하는 데 많은 아이디어를 얻을 수 있을 것이다.

또한 이 책은 회사를 경영하는 CEO에게도 적지 않은 혁신의 화두를 던져주고 있다. 어떻게 회사가 사원들에게 비전을 제시하는가, 그리고 그 비전을 어떻게 공유하면서 수많은 난관을 뚫어나가는가에 대한 드라마틱한 과정들을 본다면, 자신이 경영하는 회사가 가야 할 새로운 도전의 길을 훤히 내다볼 수 있으리라 생각한다.

미래는 오늘이 만들어내고 오늘은 매 시간이 만들어낸다. 그리고 매 시간이 충실하기 위해서는 가장 효율적이고 가장 신속하며 가장 체계적인 방법으로 일해야 한다는 것은 모두가 아는 사실이다. 매 시간 자신의 미래 운명이 창조되고 있다는 생각을 한다면 현재 자신이 어떤 길을 걸어가고 있고, 어떤 방식으로 일하는지를 한번 되짚어보기를 간절히 권한다. 그리고 새로운 방식을 익히고, 습관화하고, 자신의 철학으로 머리와 가슴속에 깊이 새길 것을 권한다. 바로 이 책이 꿈과 열정을 가지고 있는 젊은 직장인들에게 '정석'을 제시할 것이고, 자신의 운명을 창조하는 '지침서'의 역할을 해줄 것이다.

혹독한 프로정신과
무자비한 도전정신을 길러야 한다

― **배성환** 삼성증권 이사

언제부터인가 '삼성맨'이라는 말은 능력 있고 모범적인 직장인을 상징하는 말이 되었다. 무엇이 삼성맨을 그토록 차별화시켰을까? 이 책을 보면서 나는 다시 한 번 나와 내 주위에 있는 삼성맨들의 업무습관이나 태도에 대해 되돌아보게 됐고, 무엇이 우리 스스로를 그렇게 만들어왔는지 생각하게 됐다.

삼성에서는 결코 적지 않은 보너스와 포상금을 지급할 뿐만 아니라, 임원이 되면 더욱 파격적인 대우를 해주기도 한다. 하지만 그것만 가지고 삼성맨들의 열정을 모두 설명할 수는 없다. 경우에 따라서는 삼성보다 더 많은 월급을 받는 직장도 있을 수 있기 때문이다. 그렇다면 '삼성'이라는 인지도 때문일까? 하지만 세계 시장에서는 삼성보다 더 이름 높은 글로벌 기업들도 얼마든지 존재하고 그곳에서 일하는 한국인들도 적지 않다. 그렇다면 왜 '삼성맨'이라는 말이 생겼고, 그곳에서 차별화되는 독특한 분위기가 형성된 것일까?

내가 생각하기에 삼성맨들은 혹독하게 일하는 프로정신과 무자비한 목표의식, 그리고 두려움을 모르는 도전정신으로 무장하고 있다. 혹자는 삼성의 업무방식에 대해 "지나칠 정도로 많은 일을 시키고 또한 완벽성을 요구한다"고 말한다. 표면적으로 그것은 한 개인에게 부담이 될 수도 있다. 하지만 분명 실제 업무를 맡은 담당자의 역량을 훌쩍 키우고, 그들이 업무에 관한 한 '최고'가 될 수 있도록 만들어준다.

이 책을 읽는 사람들이 배울 수 있는 것도 바로 그러한 것들이다. 하루하루 직장에서 그저 '때운다'는 생각을 가진 사람들에게는 그러한 것들이 오히려 부담으로 작용할 수도 있다. 그러나 열정을 가지고 최고의 업무 노하우를 익히고자 하는 사람들에게는 최고의 지름길을 제시할 것이다. 겉으로는 '삼성의 업무방식'을 배우는 것이겠지만, 실질적으로 이 책은 단순히 삼성의 업무방식만을 나열하지는 않는다. 그 안에 들어 있는 철학과 자세의 문제까지 거론함으로써 직장인의 자세를 뼛속까지 바꿔주기 때문이다.

이 책의 저자인 문형진 전무는 늘 호기심에 목마른 사람이었다. 추운 겨울날 손을 호호 불며 술 한잔하러 갈 때도, 식사 후 가볍게 커피 한잔할 때도 항상 다이어리와 수첩, 필기구가 든 검은색 손가방을 들고 언제나 대화하고 토론하기를 즐겨했다. 업무에서는 늘 집요했으며 자신을 다그쳐 완벽에 가까운 업무를 위해 노력했다. 삼성을 떠난 뒤에도 여전히 변함없는 그의 모습을 목격하곤 했다. 문 전무야말로 가장 전형적인 '삼성맨'이 아니었나 하는 생각이 든다.

이 책은 한 번 보고 말 책이 아니라, 끊임없이 익히기 위해서 노력해야 하는 책이라고 할 수 있다. 이 과정을 통해서 '최고의 업무능력'을 키우길 기대한다.

'경제난세'의 시기에는 무엇보다 '조직의 인정'이 중요하다

— **조원용** 아시아나항공 상무

흔히 '월급쟁이'라고 불리는 직장인들의 가장 큰 고민은 무엇일까? 그것은 '어떻게 하면 직장에서 인정받고 원하는 부서에서 근무하며 제때에 승진할 수 있을까?'일 것이다. 그런 점에서 《삼성처럼 일하라》는 직장인들의 고민을 일거에 해결해줄 책이라고 할 수 있다. 저자는 직장인들이 매일 마주하면서도 문제의식을 갖지 않는 부분에 대한 가차없는 비판과 확실한 대안을 제시하고 있다. 특히 다양한 경험에서 우러나온 생생한 이야기들로 구성되어 있어 읽는 이로 하여금 자신의 경우와 비교해볼 수 있고 이를 통해 많은 것을 배울 수 있게 한다.

또한 저자는 '사장처럼 일해야 한다', '일찍 일어나라, 그리고 앞서 나가라', '네트워크를 형성하라' 등과 같이 조직에서 꼭 지켜야 할 기본적인 자세를 여러 사례를 통해 잘 보여주고 있다. 성공한 많은 직장선배들의 한결같은 충고는 바로 '주인의식'과 '근면함', '원만한 대인관계'를 항상 인생의 동반자로 삼고 생활하라는 것이었다. 저자도 비슷한 말을 하고 있다는 점에서 '직장인들의 성공법칙'을 잘 보여준다고 할 수 있다. 지금까지 나 역시 이와 같은 말들을 좌우명으로 삼고 실천해왔으며 틈나는 대로 이를 전파했다. 그 덕분에 현재는 대기업의 임원 위치까지 올라오는 성과를 거둘 수 있었다.

뿐만 아니라 이 책에는 '회의할 땐 담당자와 완료일을 지정하라', '보고서는 당신의 얼굴이며 인격이다', '영어는 기본이다. 또 다른 특기를 찾아라'와 같이 업무에 실질적인 도움을 주는 내용도 포함되어 있다. 이를 통해 직장인으로서 일 잘하는 방법은 물론 직장인의 마음가짐까지 읽는 이의 가슴속에 스며들게 한다.

요즘 경제상황은 한마디로 '난세'라고 표현할 수 있다. 급변하는 환경과 치열한 경쟁체제에서의 직장생활은 '난세의 중심'에 있다고 해도 과언이 아니다. 그럴수록 자기계발을 통해 조직의 인정을 받는 것에 대한 중요성은 더욱 높아진다. 이 책을 읽고 직장인들이 자신의 마인드를 재정립해서 조직의 중심에 우뚝 서는 계기가 되었으면 하는 바람이다.

시간의 벽을 넘고 업무의 한계를 돌파하는 1등의 업무방식

많은 직장인들이 "할 일은 많고 시간은 없다"고 푸념한다. 결국 과도한 업무량 때문에 직장생활을 힘들어하고 때로는 이직을 생각하기도 한다. 하지만 그것은 현상에 불과하다. 그 현상의 너머에 있는 본질을 파고 들어가면 우리는 하나의 심각한 질문에 도달한다. 그렇게 말하는 사람이 과연 '제대로 된 방식으로 스마트하게 일하고 있는가?'라는 점이다.

동일한 업무량도 그것을 해내는 사람의 능력에 따라 천차만별이다. 어떤 사람은 하루 종일 걸릴 일을 다른 사람은 두 시간 만에 깔끔하게 처리하기도 한다. 또 어떤 사람은 끊임없이 피드백을 흡수하며 자신의 일을 완성시켜 가지만, 다른 사람은 일을 앞에 두고 고민과 방황을 멈추지 못해 결국 일을 '깔고 앉아 있는' 경우도 있다. 이

15

뿐만 아니다. 어떤 사람은 상사로부터 "OK!"라는 명쾌한 답을 이끌어내며 일을 착착 진행해가지만, 또 어떤 사람은 늘 상사의 고개를 갸우뚱거리게 만들고 스스로 지리멸렬한 상황을 탈출하지 못한다. 본질은 '할 일은 많고 시간이 없는' 것이 아니라 가장 효율적이고 스피디하게 일하는 방법을 모른다는 것이다.

도대체 이러한 차이는 어디에서 생기는 것일까? 주의할 것은 이것을 단지 '능력의 차이'로만 치부해서는 안 된다는 점이다. 아인슈타인은 "일의 결과를 바꾸기 위해서는 일의 과정을 바꾸라"고 조언했다. 일의 과정이란 곧 일의 방법을 의미한다. 방법의 차이는 결과의 차이로, 더 나아가 그것은 곧 개개인이 가지고 있는 '능력'이라는 이름으로 차별화된다. 결국 모든 문제는 일의 방법, 즉 '어떻게 일할 것인가'로 돌아가게 되는 것이다.

2006년을 전후해 삼성SDI에서 그룹장으로 일할 때 내 나이는 30대에 불과했다. 그룹장은 가히 '부장' 정도의 역할을 해내야 하는 자리일 뿐만 아니라 삼성SDI는 전체 삼성그룹 내 계열사 중에서도 가장 혹독하고 살벌하게 일하는 곳 중의 하나다. 전체 팀원 40명 중에 20명이 바뀌는 경우까지 있었다. 이유는 단 하나였다. 삼성SDI의 업무방식을 견디지 못했기 때문이다. 삼성그룹 타 계열사에서 17년간 일했던 한 부장이 있었다. 그 역시 일 잘하기로는 이미 정평이 난 사람이었다. 그런 그가 삼성SDI에 온 몇 달 뒤 무려 사흘간 무단결근을 했다. 이유는 명료했다. 견디기 힘들었기 때문이다. 그는 삼성 어디를 가도 이렇게 철두철미하게 일하는 곳은 처음이라는 이야기도 했다.

2006년에는 전 세계적으로 'TV 전쟁'이 펼쳐지고 있었다. 샤프, 소니를 중심으로 하는 LCD TV 그룹과 삼성SDI, 파나소닉 등을 중심으로 하는 PDP TV 그룹이 그야말로 혈전을 치르던 시기였다. 당시 삼성SDI는 가장 선두에서 가장 모범적으로, 그리고 가장 높은 성과를 내는 회사가 될 수 있었다. 우리들의 업무방식은 당시 300억 원에 머물렀던 유럽고객 매출을 무려 5,000억 원까지 치솟게 했다. 일하는 방식의 차이가 어떤 결과를 가져오는지 여실히 보여준다고 할 수 있다. 혹독하게 일하는 만큼 탁월한 성과를 낼 수 있었으며 이러한 일의 방식은 당시 팀에서 일했던 사람들을 강력하게 훈련시키는 '용광로'와 같은 역할을 해주었다.

물론 삼성의 업무방식이 대한민국에서 최고라고 말할 수는 없다. 회사마다 문화가 있고, 사람마다 일하는 스타일이 있기 때문이다. 그러나 무엇보다 기준이 되어야 할 것은 업무방식이 얼마나 회사의 성과에 맞춰져 있는가, 얼마나 글로벌한가, 그리고 얼마나 빠르냐 하는 점에서는 이견의 여지가 있을 수 없다. 그런 점에서 삼성의 업무방식은 이러한 세 가지 기준에서는 충분히 '표준'으로 삼을 만하다. 이미 삼성은 전 세계에서 글로벌한 업무를 펼쳐나가고 있으며 이를 통해 집약된 업무지식이 막강한 힘을 발휘하고 있다. 속도의 측면에서도 국내 여느 회사가 따라잡기 힘들 정도다. 회사의 성과 면에서도 마찬가지다. 특히 삼성전자는 2010년 3분기에 40조 원이라는 사상 최대의 매출액을 올리면서 승승장구하고 있다. 회사의 매출을 역추적해가다 보면 최종적으로 '업무방식'을 만난다는 점에서 삼성의 업무력은 분명 배울 만한 점이 많다고 할 수 있다.

삼성 출신들이 수많은 기업들에게 스카우트되어가는 것에도 바로 이러한 배경이 깔려 있다고 해도 과언이 아니다. 그들이 삼성 출신들에게 원하는 것은 단지 '삼성'이라는 전직(前職)의 브랜드가 아니라 '삼성의 DNA'를 자신의 회사에 심기 위함이다. 시스템화되고 체계적이고 발 빠른 대응과 공격적인 업무 추진을 통해서 회사를 혁신하고 구성원들의 문화를 바꾸기 위한 것이다. 그런 점에서 강도 높은 삼성의 업무방식을 배우는 것은 분명 개인의 업무능력을 극대화시키는 것은 물론이고, 많은 직장인들이 그토록 푸념하는 '시간의 벽'을 뛰어넘을 수 있게 할 것이다.

또한 이 책은 막연한 추상론으로 업무에 대한 '훈수'를 두는 게 목적이 아니다. 그런 훈수 정도는 이 책이 아니라도 얼마든지 다른 책에서 배울 수 있다. 중요한 것은 '실천'이고 그 '실천의 방법'이다. 따라서 이 책은 보고서를 이야기할 때 구체적인 보고서의 샘플을 보여줄 것이고, '유형별 임원 대응법'을 말할 때는 그들이 임원이 될 수 있었던 배경을 통해 그들의 성격을 파악하도록 도와줄 것이다. 구체적이지 않은 방법은 실무에 그 어떤 도움도 줄 수 없다. 그런 점에서 이 책은 변화의 분명한 목표와 방향을 제시하기 위해 만들어졌다. 이 책은 중소기업의 임원으로 일하며 삼성에서 일하는 스타일이나 방법을 알면 현재 하는 일을 훨씬 더 효율적으로 잘 할 수 있을텐데 하는 애절한 마음으로 고민을 하다 쓰게 되었다.

일을 열심히 했을 때 가장 많은 성과를 낼 수 있는 시기를 입사 후 5년차라고 설정했다. 그리고 5년차가 아는 중요 사항을 알고 노력하면 누구라도 1년 만에 그 5년차의 성과를 낼 수 있다는 생각이 이 책을 쓰는 배경이 되었다.

이 책을 통해서 자신의 업무능력이 발전하고, 그래서 어떤 회사에서 일하더라도 늘 인정받고 승진하며, 더불어 이를 통해 자신의 삶의 질까지 향상시킬 수 있기를 기대한다.

아무쪼록 이 책을 읽는 모든 사람들이 자신의 업무에 도움을 얻고 동기 부여의 계기를 찾는다면 한 없이 기쁘고 감사할 것이다. 항상 옆에 있는 아내와 아버님, 어머님, 가족, 바쁘다는 핑계로 많이 놀아주지 못한 원호, 동호 두 아들에게 고맙고 사랑한다는 말을 전하고 싶다.

(*이 책의 내용은 대부분 실제로 있었던 일이다. 그러나 내용을 좀 더 풍성하게 하기 위해 일부 창작의 요소가 가미되었다. 내용에 등장하는 이름들은 대부분 현직에 있는 분들이어서 만에 하나 누가 될까 싶어 다른 이름을 사용했다.)

CONTENTS

1장

기본으로
압도하라

프로가 되는 가장 빠른 길은 아주 확실하게 '기본'을 닦아가는 일이다. 기본이 가진 힘은 생각보다 커서 심지어 자신이 무의식중에 하는 행동까지도 제어하는 역할을 해준다. 따라서 처음으로 업무를 배우거나, 혹은 이제까지 해왔던 자신의 업무 스타일을 바꿔보려는 '비기너'의 경우 가장 확실하고 튼실하게 기본기를 닦아가는 것에 주력해야 한다. 이번 장에서는 시간, 보고, 회의, 옷 입기 등 탁월한 능력을 갖추기 위한 가장 기본적인 사항을 짚고 넘어가려고 한다. 사소해 보이고 다 아는 것처럼 생각될지 모르지만, 이 '기본의 힘'을 갖추지 못한 채 업무를 하려는 것은 기둥 없는 건축물을 지으려고 하는 것과 마찬가지다.

당신의 인생을 바꿀
직장생활 5년

본격적으로 삼성의 업무력을 배워가기 전에 '왜 5년차가 그토록 중요한가'를 한번 짚고 넘어가야 할 필요가 있다. 막연히 '처음 시작하는 5년이니 당연히 중요하지 않겠어?'라는 생각도 틀린 것은 아니다. 하지만 5년차라는 것은 '단순히 세월의 축적'을 넘어서는, 더욱 특별한 의미를 지니고 있다. 특히 이 '5년차에 대한 의미'를 깊이 새기는 것은 자신이 또 앞으로 걸어갈 5년, 10년을 바라보게 한다는 점에서 미래의 모습을 오버랩 시켜주고 이를 통해 진정성과 목표의식을 더욱 강화하도록 도와줄 것이다.

1만 시간의 법칙이 이뤄지는 시간, 5년

진정한 전문가가 되기 위한 '1만 시간의 법칙'이라는 것이 있다. 하루에 3시간씩, 10년간을 연습하면 해당 분야의 일에 '통달'하게 되고 그 누구에게서든 전문가로서의 자질을 인정받는다는 이야기다. 하지만 이 시간을 하루에 3시간이 아닌 6시간 정도로 바꾸면 '1만 시간의 법칙'이 이뤄지는 시간은 딱 5년이다.

하루에 직장에서 생활하는 시간은 대략 9시간 전후라고 할 수 있다. 그렇지만 여기에 점심식사 시간과 휴식, 잡담, 미팅 준비, 손님 접대, 업무 뒷정리 등의 부수적인 시간을 빼면 대략 업무에 완전히 몰입할 수 있는 시간은 6~7시간 정도가 된다. 정확하게 '전문가'가 될 수 있는 1만 시간이 되는 것이다. 따라서 이 5년이라는 시간은 단순히 '처음 시작하는 5년'이 아니라 '전문가로 확실하게 성장할 수 있는 5년'이라는 의미이기도 하다. 이 시기는 향후 5년, 아니 10년 이상을 좌지우지할 수 있다는 점에서 더욱 중요하다. 5년 내에 자신의 분야에서 전문가로 인정받지 못하면 그때부터는 미래 비전이 희미해질 수밖에 없다. 5년 뒤에는 후배들이 앞으로 치고 나올 것이며, 자신의 동료들은 이미 저 앞에서 달려가고 있을 것이기 때문이다. 한마디로 인생항로에서 길을 잃고 헤맬 것인가, 아니면 확실하게 방향을 틀어쥐고 앞으로 갈 것인가가 결정되는 시간이라고 할 수 있다.

사장의 입장에서 조직을 통찰할 수 있는 시간, 5년

삼성의 경우 5년차 정도면 사장보고용 발표 자료를 만들 수 있을 뿐만 아니라 사장의 대고객 발표 자료를 만들 수 있는 수준이 된다. 이는 곧 '사장의 위치'를 이해하고 '사장의 역할'을 충분히 보조할 수 있는 역량을 갖춘다는 것을 의미한다. '사장의 입장'을 알 수 있다는 것은 곧 회사를 전체적으로 파악할 수 있다는 것을 의미하고, 이는 조직 차원의 '전체적인 통찰'도 가능하다는 것을 말한다. 상사의 이름도 외우지 못하던 햇병아리 신입사원이 하늘 높이 나는 독수리처럼 조직 전체를 조망할 수 있는 식견을 갖춘다는 것은 놀라운 변화가 아닐 수 없다. 물론 모든 5년차들이 다 이렇게 할 수 있는 것은 아니다. 그러나 분명히 그렇게 하는 사람들이 있다는 것은 5년의 시간이 얼마나 중요한지를 오히려 반증한다고 할 수 있다.

인맥 형성으로 리더십의 기본을 갖추어야 하는 시간, 5년

5년차는 업무를 완전히 숙달함과 동시에 인간관계를 통해 리더십의 기본을 갖출 수 있는 시간이기도 하다. 한 설문조사에 의하면 10년차 선배들이 5년차 후배들에게 반드시 해주고 싶은 조언이 바로 '사내외 인맥 형성'이라고 한다. 이는 5년차들이 할 수 있는 일임과 동시에 꼭 해내야 하는 일이기도 하다. 그런데 이 인맥 형성은 또한 미래의 '리더십'으로 이어질 수 있는 중요한 단초가 된다.

　해당 분야에서 아무리 뛰어난 업무실력을 자랑한다고 하더라도 사실 그것은 '업무영역'이라는 한정된 틀 안에서의 능력일 뿐이다. 업무를 잘하는 상사를 후배들이 '뛰어나다'고 평가할 수는 있어도 그를 믿고 따르며 의지하기는 힘들다. 인맥 형성은 곧 업무의 영역을 벗어나는 인간적인 능력을 과시하는 것이기도 하고, 또 그 인맥 형성을 통해서 자기 스스로의 한계를 깨고 드넓은 바다로 나가는 것과 같다. 광범위하면서도 믿을 만한 인맥을 가진 사람은 후배들에게 새로운 길을 개척해주는 한편, 이를 통해 '믿고 따라오라'는 강한 메시지를 줄 수 있다. 업무는 따라 해도 인맥은 묻어 갈 수 없다는 점에서 이는 후배와 아랫사람들에게 존경심을 불러일으키고 그들을 자신의 리더십 범위 안으로 편입시키는 역할을 하게 된다. 얼핏 인맥 형성과 리더십은 큰 상관이 없는 것처럼 보이지만, 실제 이 둘 사이에는 이처럼 긴밀한 관계가 형성되어 있는 것이다.

이직을 통해 제2의 전성기를 확장해나갈 수 있는 시간, 5년

　직장생활 5년차는 가장 이직을 원하는 나이이기도 하다. 물론 5년차 이하도, 그 이상도 이직이야 얼마든지 할 수 있지만, '이직에 대한 의지'가 가장 강한 시기가 바로 5년차라는 이야기다. 모 취업 포털 사이트가 직장 남녀 1,100여 명을 조사한 결과, 이직 의사를 가지고 있는 전체 직장인들 중에서 가장 많은 비중을 차지하는 이들이 바로 '3년 이상~5년 미만'의 직장인들이었다.

이렇게 5년차를 전후해서 이직을 하겠다는 생각이 강하게 드는 것은 사실 어떤 면에서는 매우 자연스러운 일이라고도 할 수 있다. 우선 5년간의 시간은 해당 직장과 자신의 업무를 거의 파악하는 시기다. 이는 결국 또 다른 곳에서의 자기발전 욕구가 강하게 샘솟는다는 것을 의미한다. 한 직장에서 20~30년을 보내는 사람들이 줄어들고, 또 경력에 적절한 이직이 권장되는 지금과 같은 상황에서 5년차의 이 같은 이직 욕구를 나쁘다고만 볼 수는 없다. 이는 한편으로 자신감이 충만한 시기임을 말하기 때문이다. 이직을 하겠다는 것은 업무의 영역을 넓히고, 또 다른 직장문화를 경험하면서 자신의 전성기를 더욱 확장해갈 수 있음을 의미한다. 또한 한 조직 내에서는 중추적인 역할을 하며 2차 성장을 위한 기틀을 다지는 때이기도 하다. 그래서 가장 화려하게 핀 꽃, 그리고 절정을 향해 달려갈 수 있는 충분한 준비를 마친 시기가 바로 직장 5년차라고 할 수 있다. 직장 5년차라는 시간은 이처럼 다양한 의미를 가지고 있으면서도 또한 새로운 미래를 위한 '변곡점'의 위치라고 할 수 있다.

과연 당신은 당신에게 주어진 5년을 어떻게 보낼 것인가? 훗날 당신의 5년을 되돌아봤을 때 '미래의 성공을 위한 전설적인 역사'로 자리매김될 것인가? 아니면 '그저 월급을 아끼며 저축을 했던 시기'에 불과할 것인가? 이제 미래는 당신이 만들어갈 하루하루에 의해 결정될 것이다.

6시 20분과 6시 23분은
하늘과 땅 차이다

회사의 모든 것은 '시간'과 연관되어 있다. 출근 '시간'이 있고, 맡은 프로젝트를 마무리해야 할 '시간'도 있다. 회의를 할 때에는 회의 '시간'이 있고, 출장을 갈 때에도 출장 '시간'이 있다. 매출과 이익 역시 매달, 분기별, 연 단위로 나눠지며 '시간'을 중심으로 계산된다. 업무의 처음과 끝은 바로 이 시간에 의해 촘촘하게 배열되어 있으며 이 정해진 시간 안에서 모든 것이 결정된다. 시간은 '모든 것'이라고 해도 과언이 아니다. 한번 시작하면 최고의 성과를 내놓아야만 하는 삼성에서 그토록 시간에 집착하는 것도 바로 이런 이유 때문이기도 하다. 시간을 장악하는 사람이 성과와 이익을 장악할 수 있고, 시간을 앞서가는 회사가 비즈니스의 맥을 잡고 시장의 판도를 이끌어갈 수 있다. 따라서 시간에 대해서만큼은 절대로 관대해서도, 친절해서도 안 된다. '5분 정도야 뭐', '30분 정도는 기다릴 수 있는 것 아닌가?'라는 생각은 직장인들이 가장 경계해야 할 나태한 생각이다.

내가 삼성그룹 연수를 마치고 PDP 영업마케팅팀에 배치되었을 때였다. 당시 전자업계는 역사상 가장 큰 전쟁을 치르고 있었다. 과거 1980년대 BETA와 VHS로 가전업체가 전쟁을 했던 것과 마찬가지로 평면 TV 시장을 놓고 LCD와 PDP 패널로 큰 전쟁을 치르고 있었다. 소니와 도시바, 샤프, 삼성전자 등은 LCD를 밀고 있었고 파나소닉과 필립스, 삼성SDI, LG 등은 PDP에 무게를 두고 있는 상황이었다. 분위기는 그야말로 '전시(戰時)'였으며, 모든 팀원들에게는 이 전쟁에서 반드시 승리해야 한다는 비장감까지 감돌 정도였다.

이 같은 상황에서 한번은 부사장님을 모시고 외국출장을 가게 됐다. 프랑크푸르트 세빗(CeBIT) 전시회 참관을 위한 5박 6일 일정의 출장이었다. 도착 첫날밤은 10시에 모든 일정이 끝났고 다음날 아침 6시 20분에 호텔로비에서 만나 식사를 한 후 일정이 시작되는 스케줄이었다. 하지만 그날 밤에 마음 놓고 푹 잘 수 있는 상황은 아니었다. 다음날 미팅 자료를 준비하기 위해 일에서 손을 놓을 수 없었고 그러다 보니 어느덧 시간은 새벽 4시에 이르고 있었다. 겨우 잠에 들어 눈을 떠보니 6시 18분. 급한 마음에 부리나케 세수를 하고 대충 옷을 입고 로비에 도착한 시간은 6시 23분이었다. 그래도 시간에 많이 늦지 않았다는 마음에 다소 안정이 됐다. 저 앞에 함께 출장을 왔던 송 지점장이 먼저 나와 있었다. 반갑게 인사를 했지만 급한 질문부터 날아왔다.

"우리가 오늘 몇 시에 만나기로 했지?"

"6시 20분입니다."

"그런데 지금 몇신가?"

"6시 23분입니다."

나는 '3분 늦은 이유'를 설명해야 했다. 오늘 새벽 4시까지 미팅 준비를 했으며 그래서 아침에 조금 늦게 일어났음을 이야기했다. 물론 지점장의 양해를 기대하면서 말이다. 다른 일도 아니고 회사 일을 했기 때문에 그 정도는 충분히 이해해줄 거라 생각했다. 게다가 고작 3분 늦었을 뿐인데……. 하지만 양해는커녕 차가운 질책만 돌아왔다.

"늦게 나오는 걸 보니 기초가 안 되어 있구먼!"

솔직히 억울했다. 그러나 나는 곧 지점장이 왜 그토록 차갑고 냉정하게 '3분'을 질책했는지 알 수 있었다.

6시 20분과 6시 23분의 시간적인 차이는 3분밖에 되지 않는다. 커피 한 잔 마시는 시간보다 짧다. 그런데 그것 이면에는 더 중요한 의미가 내포되어 있었다. 단순히 '몇 분을 늦었나'의 문제가 아니라 '약속을 지켰나, 안 지켰나'의 문제인 것이다. 6시 20분에 도착했다면 나는 '약속을 지킨 것'이 되고, 6시 23분에 도착했으니 '약속을 지키지 않은 것'이 된다. 그것은 6시 21분이어도, 22분이어도 마찬가지다. 따라서 "3분밖에 안 늦었는데요"는 아무 의미 없는 변명일 뿐이다.

이러한 문제들이 그저 한 번의 질책으로 끝난다면 그나마 다행이라고 할 수 있다. 그러나 시간 약속의 문제는 결국 승진의 문제와 밀접하게 연관되어 있다.

최고의 성과는 '시간'에서 시작된다

삼성에서 비밀스레 떠도는 경험담 중에 잊지 못할 실화가 있다. 남미 법인의 주 과장은 과장만 8년을 했다. 보통 대졸 사원이 과장에서 차장으로 가는 데 4년이 걸리는 것을 감안하면 굉장히 오랫동안 과장을 했다. 아주 심한 경우 승진 심사에서 탈락을 해도 6년 이상을 넘기지 않는 것이 일반적이다. 주 과장이 그토록 승진이 되지 않았던 이유는 과연 무엇이었을까? 그 이유는 의외로 간단하다.

한국에서 부사장님이 남미로 출장을 오셨다. 남미 법인의 임원부터 말단 사원까지 부사장님을 맞이하기 위해 보고서도 만들고 2주 동안 비상근무를 하며 미팅스케줄을 맞추는 등 여러 가지 준비를 했다. 그런데 정작 부사장님이 도착하고 나서 문제가 생겼다. 도착 당일은 한국 음식과 소주로 즐겁게 식사를 했다. 그 다음날은 고객 미팅을 위해 아침 8시에 출발해야 하는 상황이었다. 그런데 다음날, 전날의 과음 때문에 주 과장이 30분 늦게 도착한 것이다. 더군다나 고객과의 미팅에서 사용할 자료도 주 과장이 가지고 있었기 때문에 부사장님 일행이 먼저 출발할 수도 없는 난감한 상황이었다. 부사장님은 물론이고, 미팅 참석자인 현지 법인의 임원도 황당할 수밖에 없었다. 고객과의 시간 약속을 어겨야만 하는 상황은 치명적이라고 할 수 있다. 결국 주 과장은 30분 후에 모습을 드러냈고, 첫째 날과 둘째 날은 그럭저럭 수행을 마쳤다. 그런데 문제가 여기서 끝난 것이 아니었다. 부사장님 일행을 공항으로 수행해야 하는 셋째 날이었다. 그렇게 큰 문제를 터뜨린 주 과장이 또 늦을 것이라고는 아무도 상상하지 못했다. 그는 셋째 날 아침 또다시 30분을 지각했다. 첫 번째 지각은 술 때문이라고 하지만 두 번째 이유는 알려지지도 않았다.

과장 5년차의 주 과장은 그해 승진 심사에서 떨어졌다. 이듬해에는 상관이 승진 대상자에 포함시켜 품의를 상신했지만 '피해 당사자'였던 부사장님이 퇴짜를 놓아 6년차에도 승진하지 못했다. 결국 주 과장은 8년이 넘어 한국으로 복귀한 다음에야 겨우 차장으로 승진할 수 있었다. 그것도 부사장님이 다른 사업부로 옮기고 난 다음에야 승진이 된 것이니, 만약 계속해서 부사장님이 같은 부서에 있었다면 8년차를 넘겨서도 승진하지 못했을 가능성이 다분하다.

주 과장이 두 번의 지각에서 늦은 시간은 총 1시간 정도다. 하지만 놀랍게도 이 단 1시간이 그의 인생을 3년 이상 지연시켰다. 이제 더 이상 "3분밖에 안 늦었는데요" 혹은 "30분 정도 늦은 걸 가지고"라는 이야기를 해서는 안 된다.

사실 따지고 보면 시간 약속만큼 쉬운 것도 없다. 시간을 지키는 데에 돈이 드는 것도 아니고 대단한 업무역량이 필요한 것도 아니다. 치밀한 두뇌싸움을 하는 일은 더더욱 아니다. 그저 이동 시간을 미리 계산하고 조금만 서두르면 충분히 지킬 수 있는 것이 바로 시간 약속이다. 이처럼 쉬운 것도 지키지 못하는 직장인이 큰 성과를 낼 수 있다는 것은 어불성설에 불과하다. 그래서 앞서 "기초가 되어 있지 않다"는 말은 정확하다. 기초가 탄탄하면 실패해도 중간에 다시 시작할 수 있다. 그러나 기초가 되어 있지 않으면 매번 실패할 때마다 모든 것이 바닥까지 무너지고 만다. 또다시 처음부터 힘겹게 시작해야 한다는 이야기다. 최고의 성과는 '시간'에서부터 시작된다는 것을 반드시 명심하라.

보고서는
'판단의 징검다리'다

많은 사람들은 보고서를 단지 '보고를 하는 문서'라고 생각한다. 과거에 일어났던 사실들을 정리해서 전달하는 것, 그것이 보고서의 전부라고 생각하는 경우가 대부분이다. 물론 일반적인 의미에서 틀린 말은 아니다. 회사에서 일어난 여러 가지 일을 기록하고 공유하는 것은 분명 구성원의 업무 지식에 도움을 주기 때문이다. 하지만 보고서는 이보다 더 깊고 심층적인 의미를 가진다. 그리고 그것을 작성하는 원리 또한 창의적이고 독창적이다.

물론 나 역시 제대로 된 보고서를 쓸 수 있기까지 많은 우여곡절을 겪었다. 삼성 내에는 체계적인 보고서 작성을 위한 훈련과정이 있다. 삼성 SDS에서 운영하고 있는 멀티 캠퍼스 교육과정에는 '원

페이지 프로포절(one page proposal)'이 있어 간결하고 핵심적이고 설득력 있는 보고서를 위한 기본 교육을 제공한다. 특히 다양한 가이드라인을 제시함으로써 사원들의 보고 능력 향상을 위한 지속적인 교육을 시키고 있다.

그러나 이런 교육을 받기 전까지는 말 그대로 '깨지면서' 배울 수밖에 없다. 보고서에 대한 인식을 새롭게 하게 된 계기는 삼성 입사 후 실무에 전진 배치되었을 때 배웠던 상사의 가르침이었다. 당시 유럽의 장 지점장은 "보고서는 네 얼굴이며 인격이다"라고 조언을 해줬다. 이는 곧 보고서가 나의 업무능력, 사고 과정, 미래에 대한 추론능력, 독창성과 창의력, 대처능력과 순발력까지 가감없이 드러낸다는 의미이기도 하다.

그렇다면 과연 보고서를 잘 쓰기 위해서는 어떻게 해야 할까? 탁월한 보고서를 위해서는 먼저 '과거-현재-미래'라는 시점의 프레임을 적용시켜야 한다. 자신이 알고 있는 것을 무작정 적어내려 가는 것보다 이 프레임 하에 사고를 하면 탁월한 보고서를 작성할 수 있다.

우선 보고서는 과거에서부터 시작한다. 누가 어디에 모여서 무엇을 회의했으며, 그 과정에서 어떤 이야기들이 나왔는지에서 출발한다. 이때 중요한 것은 사실을 가감 없이 전달하는 것이다. 두 번째로 보고서는 현재를 아울러야 한다. 과거의 사실을 통해 현재 우리가 무엇을 해야 하며, 그것을 이뤄내는 데 있어서 난관은 무엇인지, 그리고 이를 해결하기 위해서는 어떻게 해야 하는지의 내용이 담겨 있다. 하지만 여기에만 머문다면 '탁월한 보고서'라는 이야기를 들을 수 없다. 중요한 것은 탁월한 보고서일수록 최종적인 칼끝이 미래를 향해 있다는 사실이다. 미래의 판도 변화, 미래에 생길 일, 그리고 그 상황에서 회사의 위상과 나아갈 방향까지 함께 제시되어야 한다. '과거-현재-미래'의 일관된 스토리 라인에서 사실과 설명, 의견, 확신, 대안, 창의적 전망까지 모두 어우러지는 '종합예술'이 바로 보고서인 것이다.

탁월한 보고서는 미래를 향한다

이러한 보고서는 곧 '의사결정 중심의 보고서'라고 말할 수 있다. 과거나 현상만을 전달하는 심드렁한 보고서는 그것을 읽는 사람에게 길을 제시하지 못한다. '그래서 뭐 어쩌란 말이냐?'라는 생각만 들게 할 뿐이다. 이를 해결하기 위해서는 '회사는 왜 보고서를 쓰라고 할까?'라는 아주 단순한 질문을 스스로에게 해보면 된다. 결국 보고서는 미래로 나아가기 위한 판단의 징검다리이자 길을 밝혀주는 등불이라고 할 수 있다.

치열한 생존경쟁을 벌이며 위험을 뛰어넘어야 할 때, 불투명한 미래를 향해 한 걸음 한 걸음을 옮겨나갈 때, 보고서는 위험을 뛰어넘을 수 있는 징검다리를 놓아주고, 불투명한 미래를 등불처럼 밝혀준다. 보고서의 칼끝이 최종적으로는 미래를 향해야 한다는 것은 바로 이러한 의미이기도 하다.

또한 보고서는 임원이나 사장에게 생각할 거리를 주고, 판단의 기준을 제시하고, 미래의 변화를 목도할 수 있게 한다. 회사가 직원에게 보고서를 쓰라고 하는 이유도 바로 이 때문이다. 과거의 사실을 알고 싶어서가 아니라 회사의 미래를 준비하기 위해서다.

한 편의 탁월한 보고서는 회사를 발전시키고 개인의 능력을 만방에 전할 수 있는 매우 중요한 수단이 된다. 내가 그룹장을 역임하고 있을 때 유럽 데스크에 배치된 박모 사원이 있었다. 그는 신입사원 교육을 받은 후 교육 내용을 정리해 보고하면서 자신이 보았던 PDP 생산 라인의 문제점을 정리하고 여기에 대안까지 첨부해 보고했다. 임원들은 그의 보고서를 보고 무릎을 칠 수밖에 없었다. 신입사원의 참신한 시각이 삼성SDI의 PDP 라인 개선에 의미 있는 시사점을 제시한 것이다. 이 한 편의 보고서는 임원들에게 '판단의 징검다리'를 마련했을 뿐만 아니라 해당 신입사원의 능력을 여지없이 보여주었다.

삼성에서 일어난 일은 아니지만 보고서 한 편의 위력을 보여주는 또 다른 사례가 있다. 지난 2008년 한 선물회사의 과장급 연구원이 두 장짜리 보고서를 발표했다. 채권시장에 대한 현황보고와 향후 전망에 관한 보고서였다. 이 보고서를 본 경쟁사들은 그 연구원에게 억대 연봉을 제시하면서 스카우트를 제안했다. 채권 애널리스트가 억대 연봉을 받는다는 게 흔치 않은 일이라는 점에서 당시의 사건은 증권가 안팎에서 큰 화제가 되었다.

보고서는 '사실을 나열하는 문서'가 아니다. 그것은 업무의 확실한 마무리와 다음 단계로 넘어가기 위한 뜀틀의 역할을 한다. 또한 회사의 비즈니스를 최종적인 목표를 향해 힘차게 끌고 나가는 강력한 톱니바퀴이기도 하다.

실전 보고서 작성 요령

보고서에서 가장 중요한 것은 우선 제목과 핵심요약이다. 이 단계에서 보고서가 말하려고 하는 바와 전체 방향을 알려주어야 한다. 이때 가장 중요한 것은 바로 적절한 키워드를 뽑아내는 것이다. 다음의 보고서에서 '강소국'이라는 키워드는 전체의 흐름을 짚어주는 중요한 역할을 하고 있다.

그 다음으로 중요한 것은 핵심요약과 적절한 스토리 라인의 구축이다. 과거, 현재, 미래의 변화와 발전 과정을 체계적으로 기술하고 그것이 어떤 의미를 지니는지 알려주어야 한다. 이후로 '증거'가 제시되어야 한다. 보고자의 주장에 어떤 근거

[삼성보고서 샘플]

제목 —	强小國의 經營 與件
핵심요약 —	새로운 志向点 : 强小國 (Small, but Strong Conutry)
스토리 라인 구축	과거에는 국가 역량을 강소국과 약소국으로 구분했으나, 규모가 작으면서 경쟁력을 갖춘 강소국이 새롭게 조명받기 시작
간결한 예시	1인당 GDP-인구에 의한 국가 분류
시사점 및 방향성 제시	한국이 지향해야 할 모델을 强大國에서 强小國으로 전환할 필요

1인당 GDP-인구에 의한 국가 분류

		强 (2만 달러 초과)	中 (1만~2만 달러)	弱 (1만 달러 미만)
인구	大(1억 초과)			
	中(1억~5천만)			
	小(5천만 미만)			

가 있는지, 도대체 무엇으로 인해 그러한 설명을 할 수 있는지를 데이터를 가지고 설득하는 과정이다. 이렇게 해서 전반부와 중반부까지 설득력 있는 구조를 갖춘 다음에는 최종적으로 시사점과 방향성을 제시해야 한다. 바로 이 부분이 보고서에서 가장 중요한 대목이기도 하다. 이러한 결론 부분이 임원으로 하여금 결단을 내릴 수 있게 하고 미래를 추론하게 하고, 회사의 방향을 짤 수 있도록 하기 때문이다.

다음의 보고서는 내가 일했던 사업부에서 쓴 미팅 결과 보고서다. 물론 이런

[미팅 결과 보고서]

유럽고객 QBRM 결과보고

1 일자 및 장소 '05. 2. 16(15일 석식), German 공장

2 참석자
- 유럽고객: ×××부사장(Upmarket FTV 총괄, Brugge 공장장)
  ×××(PDP & LCD 구매 실무총괄)
  ×××('05년 미주향 PJT Mgr) 外
- SDI: ×××상무, ××지점장, ×××대리 外

3 주요 협의 내용
ㅁ가격 및 물량협의
· 2Q 가격확정

기종	37SD	42SD	42HD	50HD
M1	$×	$×	$×	$×
PSU		$×		$85

· 42SD PSU 가격 타사대비 過大, 인하 요구
· 42HD, 50HD 공격적 가격운영 요구
· 42SD Panasonic 2Q 中 EURO 출시 예정
· '05년 물량 증량 약속
  ① 유럽 저가형 특별 주문 2K 증량(기존 15K→17K)
  ② ××OEM 조속 추진 약속(××)
  ③ 추가 물량 최종 업데이트本 입수 예정(2월 中)

ㅁ판매현황
· '04년 Set 판매 : 250K(MS 8%)
· 유럽시장: MS 1위 유지(MS 15%)

종류의 보고서는 과거의 사실에 초점이 맞춰져 있는 경우가 많다. 그렇더라도 내부적으로는 나름대로의 일목요연한 흐름을 가지고 있을 뿐 아니라 미래에 대한 준비까지도 가능하게 한다.

우선 일자와 장소, 참석자를 명확하게 기술해야 한다. 그 다음부터 구체적인 협의 사항들을 체계적으로 적어나간다. 이 가운데 상대방의 요구 사항과 합의된 결과물, 향후 업무의 진행과정이 일괄적으로 제시되어야 한다.

그리고 이번 미팅을 전체적인 시장의 흐름과 연계시켜주는 내용이 필요하다. 제일 아랫부분의 '판매현황' 부분을 주목하자. 이곳에는 현재 시장의 흐름이 기록되어 있다. '지금 3강 체제가 유지되어 있다', '소니가 퇴조하고 있다' 등 전체의 시장 판도가 적혀 있기 때문에 현재 회사가 어떤 상황에 놓여있는지를 알려주고 이를 통해 향후의 전개 과정에 대해서 예상할 수 있도록 해야 하는 것이다.

보고서에서 또 하나 중요한 것은 체계적인 서술 형식을 갖추는 것이다. 큰 주제는 '1, 2, 3'으로 나눠주고 그 아래 ㅁ, -, · 표시로 하부 체계로 내려가며 거기에 맞는 형식을 유지시킨다. 이는 보고서의 가독성을 높이는 역할을 한다. 이렇게 구분 짓고 경계를 만들어서 모아주는 서술 형식을 통해, 보는 이가 빠른 시간에 내용을 파악할 수 있게 된다.

보고는 문제를 해결하는 '테이크 액션'이다

보고서에 대한 개념을 이해했다면 이번에는 '보고' 그 자체에 대한 철학을 심화시켜볼 필요가 있다. 보고를 가장 상징적으로 나타내주는 키워드는 바로 '대응'이다. 이 키워드는 보고의 성격을 더욱 명확하게 해주며, 보고와 관련된 방법과 절차가 어떠해야 하는지를 구체적으로 보여준다.

'대응'에서 가장 중요한 것은 바로 '테이크 액션(take action)' 즉, '행동하기'라고 할 수 있다. 이 말은 보고가 '단순한 커뮤니케이션의 주고받음'이 아니라 '특정하게 발생된 사태를 해결하기 위한 구체적인 액션'이라는 의미다. 이를 좀 더 시각적으로 표현할 수 있는 것이 바로 탁구 게임이다. '핑-퐁'으로 이어지는 탁구 게임은 상대의 공격에 반드시 '대응'해서 다시 공을 상대편으로 보내야 한다. 공을 다시 상대편으로 보내지 못했다는 것은 곧 해당 게임에서 지는 것을 말한다. 날카롭게 찍혀서 튕겨 오르는 공에 대응하기 위해서는 좀 뒤로 물러나서 큰 스윙으로 되받아쳐야 하며, 낮은 각도로 파고드는 공에 대해서는 순발력 있게 감아올려야 한다. 각각의 상황에 적극적으로 대응하지 않으면 지는 게임, 바로 이것이 보고를 둘러싼 '테이크 액션'의 원리라고 할 수 있다.

삼성에서 일할 때 가장 바쁜 시간은 바로 퇴근 직전과 출근 직후다. 업무 시간 내의 보고는 대부분 그때그때 이뤄지지만 퇴근을 앞둔 상황에서는 업무에 공백이 생기게 된다. 대략 저녁 7시에 퇴근해 다음날 오전 7시에 출근한다고 하면 12시간 동안 업무는 마비 상태가 된다고 보면 된다. 물론 퇴근 후의 휴식시간에 대해 '업무 마비'의 상태로 규정 짓는 것이 가혹하게 느껴질지도 모르겠다. 하지만 업무의 측면에서만 보면 그렇다는 이야기다.

삼성에서는 업무의 진행속도를 더욱 빠르게 하기 위해 퇴근 전에 그날 보고사항을 정리해 상사에게 업무 이메일을 보낸다. 이렇게 최종 정리 보고 이메일을 보내놓고 퇴근하면 업무가 마비되지 않는다. 밤에 임원이 이메일을 열어보고 생각하고 판단할 시간을 줌으로써 업무는 '진행 중'인 상태가 되는 것이다. 그날 밤 임원은 다시 지시사항을 이메일로 보내놓고 이것을 담당자가 다시 보는 시간이 바로 다음날 아침이다. 따라서 아침 시간에는 전날의 지시 사항을 철저하게 파악하고 해결책과 요구사항을 깔끔하게 정리해야 한다. 이 과정은 앞서 이야기한 탁구 게임의 원리와 동일하다. 퇴근 전에 '핑-' 하고 보고를 보내 놓으면 다시 임원은 밤에 '퐁-' 하고 공을 날린다. 그리고 아침에 직원은 또다시 '핑-' 하며 새로운 보고를 한다. 이 과정에서 업무는 중단 없이 진행되고 주어진 상황을 해결하는 노력은 좀 더 심화된다고 할 수 있다.

해결책이 있는 액션을 취하라

이 모든 보고의 과정에서 한순간도 빠져서는 안되는 것이 바로 사태에 대한 해결책, 즉 솔루션이라고 할 수 있다. 사실 해결책이 빠진 보고는 또 하나의 숙제를 담고 있는 보고라고 해도 과언이 아니다. 그것은 그냥 아직 완료되지 않은 '음성'이거나 '텍스트', 혹은 '전달'에 불과하다. 즉 액션을 취하되 해결책이 있는 액션을 취해야 한다는 이야기다.

한번은 '불의의 사고'를 당한 적이 있었다. 유럽에 PDP패널을 수출하는데 나무박스에 포장해서 보냈다. 그런데 컨테이너가 유럽에 도착한 날 그곳으로부터 긴급 연락이 왔다. 컨테이너를 열어보니 패널을 포장한 포장지마다 물방울이 맺혀 있었고, 결국 패널을 사용할 수 없다는 이야기였다. 결국 고객의 유럽 생산 공장 라인이 중단되는 최악의 상황이 발생했고 매출에 엄청난 차질을 빚게 되었다. 나 역시 놀라 강 상무님에게 급하게 전화해서 보고드렸다. 하지만 그 보고의 방식이라는 것이 지금 생각해도 솔루션이 전혀 없이 그저 '텍스트'만 전하는 수준이었다.

"상무님, 유럽 고객에게서 전화가 왔는데, 우리 회사 제품에 습기가 차서 제품을 사용할 수 없어 생산라인이 멈췄다고 합니다."

"그래? 무슨 이유 때문에 습기가 생긴 건데?"

"그 내용은 아직 파악하지 못했습니다."

"언제 생산한 물건에 문제가 생긴건데?"

"컨테이너 박스를 하나밖에 안 열어봤기 때문에 언제 생산한 것인지 아직 확인되지 않았습니다."

"그럼 습기 때문에 문제가 생긴 패널에 대해서는 어떻게 할 건가?"

"그건 CS팀과 협의를 해봐야 할 것 같습니다. 아직 저희도 대책안을 만들지 못했습니다."

이 대화를 보면 사실 진전된 것은 아무 것도 없다. 상무님은 끊임없이 질문을 했고 나는 "파악 못했다", "확인이 안 됐다", "대안을 만들지 못했다"는 말만 반복하고 있었기 때문이다. 사실 이 과정에서 유일한 팩트는 '습기로 인해 패널에 문제가 생겼다'는 것밖에 없다. 그저 허망한 대화만 나눌 뿐이었다. 결국 참다 못한 강 상무님이 한마디하셨다.

"문 그룹장, 이건 보고가 아니잖아. 물론 짧은 시간 안에 모든 걸 다 확인할 수는 없겠지만 그래도 최소한 왜 그런 문제가 발생했는지에 대한 이유와 어떻게 처리할 것인가 정도는 확인을 하고 보고를 했어야지.”

　이렇듯 해결책이 없는 보고는 사실 안 하느니만 못하다고 할 수 있다. 그런데 이 보고와 대응에 있어서 무엇보다 중요한 또 하나의 원칙이 있으니 그것은 바로 ‘리얼타임’이라고 하는 시간적인 측면이다. 삼성의 보고 원칙 중에서 가장 중요한 것의 하나가 바로 이 ‘즉각성’이다. 리얼타임 보고는 상황을 장악하는 힘을 가지고 있다. 즉 문제가 악화되기 이전에 대책을 마련할 수 있기 때문에 사태의 진전을 막을 수 있을 뿐만 아니라 문제의 해결에서도 주도권을 쥐게 된다는 이야기다. 또한 이는 상대방의 요구를 신속하게 만족시켜줌으로써 회사의 이미지를 향상시키고 거래 관계를 더욱 단단히 해주는 역할을 하게 된다.

　리얼타임 대응은 거래처와의 관계에서도 좀 더 편안한 위치에 서게 한다. 예를 들어 거래처가 특정한 요청을 해왔거나 문제를 제기했을 때 우선 빠르게 대응을 해놓으면 그 다음의 문제는 상대방의 몫이 되는 것이다. 상대방이 다시 질문을 하든, 아니면 일을 그대로 진행시키든 그것은 이쪽 담당자의 문제가 아니기 때문에 상대적으로 더 편한 위치를 선점할 수 있다.

　또한 ‘리얼타임 보고’는 자신을 지키는 안전핀과도 같은 역할을 한다. 만약 문제가 생기고 이것이 악화되었을 때는 ‘초기 대응’에 대한 문제가 이슈로 불거질 수 있다. 이러한 종류의 이슈는 사실 문제의 본질과는 전혀 동떨어진 것이라고 할 수 있다. 질책의 종류가 ‘왜 그 문제를 해결하지 않았느냐’가 아니라 ‘왜 빨리 대응하지 않았느냐'로 변하게 된다. 해결하지 못했다는 것은 그나마 봐줄 만도 하다. 해결 방법이 만만치 않았다던가 하는 핑계라도 댈 수 있기 때문이다. 하지만 늑장 대응에 관한 한 그 어떤 변명도 통하지 않는 것이 사실이다.

결재 속도가 빠르면 일의 속도도 빨라진다

'테이크 액션'과 '리얼타임 보고'는 아랫사람에게만 적용되는 게 아니다. 결재를 해주는 상사 역시 이 빠른 속도에 함께 움직여주어야 한다. 부하가 신속하게 보고를 했음에도 불구하고 그것에 대한 결재가 빠르게 이뤄지지 않으면 부하가 보여준 신속함이 순식간에 무력화된다.

한번은 조직 내의 체계 문제로 신속하게 결재가 되지 않을 때가 있었다. 결재를 올리면 관리팀에서 합의가 있어야 하는데, 이 합의에 시간이 걸리게 되고 상사 역시 이 부분을 챙기지 못하게 되면 결재는 한없이 지연된다. 전화로 독촉해야만 결재가 이뤄졌으니 담당자의 입장에서는 답답한 일이었다. 결재 속도가 문제되자 결국 삼성에서는 정책적으로 이를 해결하기 위한 대책을 마련했다. 임원을 포함해 부하의 품의가 올라왔을 때 얼마만큼 빨리 결재를 해주느냐가 인사고과에 반영된다는 내용이었다. 그 후 결재 속도는 확실히 빨라지게 됐고 일은 신속하게 진행됐다. 부하의 보고와 상사의 결재가 동시에 빨라지면 그 속도는 더욱 시너지 효과를 얻게 된다. 그러다 보니 약간의 헤프닝도 있었다. 상사가 부하에게 "내가 출장을 갈 때는 품의를 올리지 말라"고 부탁을 하는 것이다. 대개 해외 출장이 많으니 비행기 안에서 보내는 시간이 많고 이때는 리얼타임으로 업무에 관한 커뮤니케이션을 하기 힘들다. 본인도 어쩔 수 없는 상황이니 이러한 부탁을 하는 것도 무리가 아니다. 중요한 것은 삼성의 임원과 직원들은 그만큼 보고와 그 보고의 대응에 예민하고 그 빠른 속도에 긴장하면서 살아가고 있다는 점이다.

임원 부재 시 업무보고 작성 요령

자신이 업무를 보고해야 할 임원이 출장을 다녀왔을 때는 어떠한 방식으로 보고해야 할까? 일단 가장 먼저 염두에 두어야 할 것은 임원이 '현장'을 떠나 있었다는 사실이다. 이는 부재 시 발생한 이슈의 배경을 잘 모른다는 것을 의미한다. 따라서 그간의 이슈를 보고할 때는 그 이슈가 생긴 배경에 대해서도 함께 설명해주는 것이 무척 중요하다. 함께 현장에 있으면서 계속 상황을 주시했다면 '앞뒤 자르고' 이야기하는 것이 가능하지만 임원이 현장에 없었을 때는 이렇게 보고해서는 안 된다.

또한 무엇보다 중요한 것은 매출과 관련된 보고다. 가장 좋은 것은 보기 좋은 방식으로 일괄적으로 표로 만들어서 정리하는 것이다. 이와 함께 반드시 보고해야 하는 것은 개발이나 고객응대와 관련해 특별한 요청이나 이슈가 있었는지를 정리해야 한다. 이때는 역시 적절한 솔루션을 함께 제시해주어야 한다. 또한 만약 임원의 액션이 필요하다면 그것이 언제까지, 어떠한 형태로 이루어져야 하는지도 함께 정리해야 한다. 해당 임원과 관계 있는 본사 내부 업무의 진행 상황도 정리해놓으면 크게 도움이 된다. 전화 업무 지시만으로 충분한지, 아니면 직접 현장에 가서 지시해야 하는지를 함께 조언해야 한다. 이렇게 본다면 결국 출장을 다녀온 상사에게 보고를 하는 것은 향후 업무에 대한 '길잡이'를 해준다는 의미다. 길잡이들은 반드시 친절해야 한다는 사실을 잊지 말자.

회의록은 일의 설계도이자
증명자료다

'회의를 많이 하는 회사가 좋은 회사인가, 아니면 회의가 적은 회사가 좋은 회사인가?'라는 질문이 있다. 업무의 진행과 회의의 상관관계에 대한 나름의 고민이 녹아들어 있는 화두이기도 하다. 회의가 많다는 것은 의사소통이 원활하기 때문에 일의 진행도 원활할 것 같지만, 무작정 회의가 많은 것은 쓸데없이 시간을 잡아먹는다는 점에서 오히려 일의 방해가 된다는 견해도 있다. 그래서 다수의 직장인들과 경영자들은 어느 편이 좀 더 효율적인가를 고민하게 된다.

하지만 사실 이런 식으로 회의를 접근하는 것은 '똑똑한 방법'이 되지 못한다. 회의라는 것이 단지 많고 적음으로 그 경중과 효율성을 따질 수 있는 일이 아니기 때문이다. 실제로 나 역시 삼성에서 수

많은 회의를 경험했고, 회의 일정을 소화하는 것만으로도 빡빡한 업무를 경험한 적도 많았다. 어떤 의미에서는 삼성이야말로 '회의의 천국'이라고 할 수도 있다. 삼성에서 그룹연수를 받고 처음으로 참석하게 된 회의는 영업마케팅팀의 '6시그마 회의'였다. 각자의 업무를 과학적으로 해결하기 위한 회의로 각자가 추진하고 있는 과제를 발표하고 임원의 과제를 맡고 있는 사람은 임원과제(챔피언 과제)의 진행 상황을 보고하고 임원의 강평을 듣는 시간이었다. 사실 이 '6시그마 회의'는 시작에 불과하다. 우선 매일 아침 7시부터 격일 간격으로 매일 판매 상황을 업데이트해서 보고하는 '판매실적 보고 회의'가 있다. 그리고 주간별로는 각 지역별로 확대판매(확판) 프로젝트를 정해 해외 영업부와 함께 회의를 하는 '확판 프로젝트 확인 회의'가 있었다. 여기에 영업마케팅과 공장의 간부들이 전부 모여서 하는 '생산판매(생판) 회의', 한 달 동안 일을 하면서 잘못된 사항들을 논의하고 개선안을 찾는 '부실처리위원회 회의', 분기별로는 해외 각 지점을 전화와 비디오로 연결해서 논의하는 '분기별 전략회의'가 있었다. 하지만 임원들은 이외에도 더욱 많은 회의에 참석해야 한다. 매주 월요일 부사장님이 주관하는 임원회의, 수요일의 공장장님 회의, 신년에는 그룹 전체 임원회의도 있다. 그러나 이는 공식적인 회의일 뿐 수시로 개최되는 회의 형식의 모임은 더더욱 많았다.

특히 임원이 지방에서 회의를 마치고 서울로 올라오는 날에는 '비상사태'가 선포된다. 예를 들어 영업마케팅팀의 김 상무님이 천

안에서 회의를 마치고 오후 4시에 KTX를 탔다면 서울에 4시 38분에 도착하고, 회사 도착시간은 5시. 이미 김 상무님이 탄 KTX가 역을 출발하는 순간, 우리 팀의 메신저에는 김 상무님의 회사 도착시간이 전송되어 온다. 회사로 오면 분명 회의에서 거론되었던 다양한 미해결 과제에 대해 질문을 하고 지시를 내릴 것이다. 때문에 당시 천안 회의에 참석했던 사람들과 통화해서 미리 그 내용을 파악해야 한다.

회의의 가치와 목적을 숙지하라

삼성의 회의들이 모두 쓸데없이 시간을 낭비하는 것이었을까? 분명 그렇지는 않았다. 중요한 것은 이제 회의에 대한 접근 방법을 달리 해야 한다는 것이다. 단적으로 회의의 횟수에 대한 것만 가지고 회의의 가치를 판단할 수 없다는 이야기다. 따라서 더 구체적인 회의의 노하우를 알아보기 전에 우선 회의에 대한 인식 전환부터 할 필요가 있다. 회의 참석자가 어떤 태도와 자세를 가지고 회의에 임하느냐는 회의의 내용과 결과를 결정하는 중요한 계기가 되기 때문이다.

회의는 다름 아닌 '일을 위한 설계도'라고 할 수 있다. 설계도는 건축을 할 때 필수적인 것이다. 일이 완성된 형태를 미리 접하고 이것을 통해 현재의 진행 단계를 '투영'함으로써 지금의 문제점을 비교·대조할 수 있고 이를 통해 사전에 문제점을 차단할 수 있다. 또한 프로젝트를 한눈에 볼 수 있게 함으로써 일목요연하게 일의 최종 목표를 알 수 있게 한다. 정확한 담당자와 완료 일자를 지정함으로써 일의 진행에 차질이 없게 만든다는 장점도 있다. 무엇보다 건물의 완성 전체를 꿰뚫어볼 수 있다는 점에서 설계도의 존재는 곧 일의 시작이자 끝이라고도 할 수 있다.

일에도 이같은 설계도가 있어야 하고, 이 설계를 하는 과정 자체가 바로 회의인 것이다. 누가 앞서 나가고, 누가 지원할 것이고, 누가 작은 일을 챙길 것인가? 그리고 이것을 진행하는 데 어떤 문제점이 있고, 그것을 어떻게 해결할 것인가를 하나하나 꼼꼼하게 따지다 보면 어느덧 일의 개요가 잡히고 이것을 어떻게 접근해야 할지가 명확히 드러나게 되는 것이다. 즉, 회의를 건축물의 설계도라고 접근하면 더욱 디테일한 회의가 가능하다. 특히 이러한 방식으로 회의에 임하게 되면 일의 '완성'을 염두에 두고 있기 때문에 결과적으로도 '완성도 높은 성과'를 이끌어낼 수 있게 된다.

제대로 된 회의를 설계하기 위해서는 무엇보다 다음의 세 가지가 필요하다. 바로 목표, 담당자, 그리고 완료일이다. 이 세 가지 항목이 있으면 회의를 회의답게 만들 수 있고, 이를 통해 시간 낭비 없는 회의를 할 수 있다. 이 말은 목표와 담당자, 완료일이 정해지지 않으면 아무리 회의를 길게 하고 많이 해도 소용없다는 사실을 반증한다.

이 세 가지를 정하는 것 자체가 바로 회의의 목적이라고 볼 수 있다. 물론 이를 위해서는 '회의록 작성'이 필수적이다. 의외로 많은 회사와 직장인들이 회의 시간 중에 회의록을 작성하지 않는다. 단지 개인 노트에 자신만 알아볼 수 있도록 끄적거릴 뿐이라는 이야기다. 공식적이지 못한 문서는 명확하지 못한 표현과 주관적인 이해가 뒤섞여 있기 때문에 객관적인 증명이 되기 힘들다. 그럼에도 상당수의 회사에서 공식적인 회의록을 작성하지 않는 경우가 많다. 상사의 지시 사항은 각자의 업무 노트에 휘갈겨 적을 뿐이고, 상사 역시 자신의 지시 사항을 명확하게 정리하지 않은 채 그저 희미한 기억에 의존할 뿐이다. 그리고 시간이 흐른 뒤에 지난 지시 사항이 갑자기 생각난 상사가 다시 그 문제를 꺼내보지만 그게 언제, 어떻게 해결되었는지는 아무도 모른다.

회의록이 작성되었다면 그것은 반드시 참석자들에게 다시 '공유'되어야 한다. 회의가 끝나는 동시에 회의록이 이메일로 배포되는 것이 제일 좋은 방법이다. 그래야만 모두 다 동일한 설계도를 가지고 동일한 약속 하에 동일한 목표를 향해 일을 진행시켜 나갈 수 있기 때문이다.

F-U Sheet 작성

궁극적인 일의 마무리를 위해서는 회의록 작성과 회람에서 한 가지가 더 추가된다. 그 팁의 하나는 바로 '팔로업 시트(follow-up sheet)'를 작성하는 것이다. 회의록에서 자신이 해야 할 부분을 꼼꼼하게 처리했는지에 대한 항목을 만들어 그것을 하나하나 체크해나가면서 일을 마무리 짓는 것이다. 이렇게 일을 처리해

나가면 상사의 지시 사항을 빼놓지 않을 수 있으며 설사 일의 시기를 놓친 후에
라도 언제든 다시 그 업무를 상기해서 정확하게 처리할 수 있다. 물론 이것을 꼭
페이퍼로 작성할 필요는 없다. 다양한 문서 시트들이 존재하고 자신의 컴퓨터에
서 체크할 수도 있으니 각자의 상황에 맞춰 팔로업 시트를 작성하면 된다.

업무에는
'증거'를 남겨야 한다

삼성에서 그룹장으로 일하기 이전에 한 부하 직원이 나에게 문서 한 장을 들고왔다. 내용은 고객에게 보내는 이메일이었다. 굳이 이런 사소한 이메일까지 상사에게 보고할 필요가 있을까 하는 생각이 들었다. 하지만 직원의 말은 갑자기 뒤통수를 때리는 충격으로 전해졌다.

"업무에 관한 한 아무도 믿어서는 안될 것 같아서요. 사실 나도 나 스스로를 믿지 못할 때가 있잖아요?"

실제 업무의 세계에서는 절대 '믿음'이라는 것이 존재할 수가 없다. 상사라고 해도 실수할 수 있으니 전적으로 상사를 믿어서는 안 되고, 자신에 대한 막연한 믿음으로 업무에 임했다가는 한순간에 함정에 빠지는 경우가 생길 수 있다. 따라서 업무를 대할 때는 믿음이라는 것 자체를 의도적으로 배제해야 할 필요가 있다. 자신이 한 일을 되새기고 또다시 지속적으로 반성하면서 근거 없는 믿음을 지워내고 일의 완성도를 높여가야 하는 것이다.

하지만 일은 혼자서만 하는 것이 아니다. 본인에 대한 믿음의 문제는 이렇게 혼자서 해결할 수 있지만 타인과의 관계에서는 별도의 수단이 필요하다. 믿음이 없어진 세상에서 가장 강력한 효과를 발휘하는 것은 '증거'다. 소송에 참여하는 사람들이 유일하게 찾고 싶어 하는 것 역시 바로 '증거'인 것이다. 상대의 말을 믿을 수 없고, 자신의 말도 믿어주지 않으니 기댈 것은 증거밖에 없기 때문이다.

업무의 세계에서 믿음이 없어진다면, 남겨야 할 것은 바로 '업무의 증거'다. 실제 업무를 하다 보면 생각지도 못했던 일들이 비일비재하게 생겨난다. 특히 누군가가 책임져야 하는 순간이 닥치면 문제가 심각하게 꼬이기 시작한다. 분명 나는 누군가에게 요청했지만 상대방이 이를 지키지 않아 문제가 생겼을 때 상대가 오리발을 내미는 경우도 있기 때문이다. 또한 상대방의 잘못이 아니라 본인이 착각하는 경우도 있다. 이 모든 문제를 해결하는 것이 바로 '증거'다. 이러한 업무의 증거를 '발뺌을 하기 위한 사전 장치'라는 부정적인 뉘앙스로만 받아들일 필요는 없다. 본인도 실수할 수 있으니 일의 앞뒤 정황을 정확하게 따지고 사태를 규명하는 데 꼭 필요한 것이 증거이기 때문이다.

증거의 효력과 장점을 인지하라

그룹장으로서 PDP 비즈니스에 참여할 때였다. 해외에 PDP 패널을 수출할 경우에는 납기일을 반드시 맞춰야 한다. 이때 납기일이 중요한 것은 그 이동수단 때문이기도 하다. 넉넉하게 생산을 완료해야 배로 옮길 수 있다. 그런데 만약 이것이 제대로 되지 않을 때는 그 패널을 배가 아닌 비행기로 옮겨야 하는 경우가 생긴다. 그러면 비용이 상승하게 되고 회사의 임원들이 심각하게 문제를 따지게 된다. 수출을 해놓고도 물류비용으로 매출을 깎아먹었으니 추궁해야 할 문제인 것만큼은 틀림없는 사실이다.

한번은 생산을 공장에 여러 번 전화로 요청해놓고 또 이메일도 보내놓았는데 비슷한 문제가 터졌다. 납기일이 늦어져 결국에는 비행기로 제품을 보내야했던 것이다. 임원들은 심각하게 추궁했지만 결국 우리 그룹 김 대리가 임원들을 참조로 넣고 공장 생산 담당자에게 보낸 이메일이 증거가 되어 상당한 정상참작을 받을 수 있었다. 만약 이런 상황에서 이메일이라는 증거가 없었다면 어떻게 됐을까? 물론 "이미 수차례 사전에 전화로 요청했다"는 나의 말 자체를 거짓말로 생각하지는 않겠지만, 결국 돌아오는 것은 "그래도 자네가 챙겼어야 하는 문제가 아닌가"라는 말 뿐이었을지도 모른다. 하지만 텍스트로 명시된 이메일이라는 명확한 증거를 확보함으로써 지시를 받고도 제대로 조치를 취하지 않은 공장에 책임을 추궁할 수 있었다. 증거의 효력은 바로 이럴 때 빛을 발한다.

고객이나 기타 부서와 문제가 생길 때에는 관련 임원을 '참조 (CC)'로 해서 함께 이메일을 보내는 것도 좋다. 임원들이 사전에 그 문제에 대해서 충분히 인지할 수 있도록 하고, 공식화된 상태에서 일을 진행할 수 있기 때문에 여러 모로 장점이 많다고 할 수 있다.

증거를 남기는 일에 게을러서는 안 된다. 그것은 언제 어디서 터질지 모르는 지뢰밭에서 자신을 지키고 보호하는 일이며, 또한 체계적이고 정확한 업무의 진행을 위해서도 반드시 필요한 일이기 때문이다.

개인의 이미지가
회사의 이미지를 좌우한다

삼성은 직장인들의 옷에 대해서도 꽤 엄격한 드레스 코드를 요구한다. 물론 여기에는 여러 가지 이유가 있다. 우선은 비즈니스 상대에게 좋은 인상을 주기 때문이다. "나는 옷은 좀 촌스럽게 입어도 일은 세련되게 잘한다"고 주장하고 싶은 사람들도 있을 것이다. 그러나 상대방은 그런 것까지 염두에 두지 않고 첫인상만으로 당신을 판단하거나 일방적으로 왜곡된 이미지를 쌓아간다. 옷이 일에 얼마나 영향을 주겠느냐고 생각할 수도 있지만 일 외적인 부분이 일에 영향을 주는 일은 비일비재하다. 같은 보고서와 결과물을 가져와도 깔끔하고 세련된 옷차림으로 발표를 하는 것과 구겨진 셔츠와 다려지지 않은 옷차림으로 발표를 하는 것에는 상당한 차이가 있다. 일에 대한 신뢰도가 옷차림과 연관이 있다는 이야기다. 심지어 피의자에 대한 재판을 하는 데도 피의자의 외모가 판결에 영향을 미친다고 하지 않던가. 그런 점에서 봤을 때 한 사람의 이미지가 미치는 영향은 결코 무시할 수 없는 것이다.

직장에서의 옷 입기와 관련해서 난감한 상황에 맞닥뜨린 적이 있었다. 상무님께 보고를 하러 갈 때였다. 그 당시에 살이 좀 불어서 셔츠의 맨 윗단추를 잠그지 않았다. 한참 보고를 듣던 상무님이 느닷없이 말을 꺼냈다.

"그런데 문 그룹장, 셔츠 단추는 왜 안 잠궜나?"

나름 열심히 일에 대해 이야기를 하고 있는 와중에 갑자기 셔츠 단추를 화제로 삼으니 당황할 수밖에 없었다.

"아, 네 최근에 운동을 좀 못했더니 목에 살이 쪄서 맨 윗단추를 채우지 못했습니다."

그저 쉽게 받아들여질 수 있는 일이라고 생각했지만, 상무님은 의외의 반응을 보였다.

"그게 말이 된다고 생각하나? 목이 두꺼워졌으면 셔츠를 바꿔야지. 밖에 나가서는 회사를 대표하는 사람이 셔츠의 단추도 제대로 안 잠근 채 다닌다는 것이 제대로 된 태도인가?"

느닷없는 꾸중에 당황할 수밖에 없었다. 사실 그때까지만 해도 옷에 대해서 그렇게 신경을 쓰지 않았기 때문에 더욱 그랬다. 그 후에 옷입기에 대해서 곰곰이 생각해볼 기회를 가지게 됐고 개인의 이미지가 회사에 얼마나 큰 영향을 미치는지 깨달았다.

사실 상당수의 기업은 '기업 이미지'를 좋게 하기 위해 끊임없이 노력한다. 브랜드를 디자인한다거나 각종 내외부용 문서를 체계적으로 만드는 일, 회사의 업무규칙에 따른 엄격한 서비스 체계를 만드는 것도 바로 그처럼 '이미지'와 관련된 일이다. 그런데 다른 무엇보다 회사의 이미지에 가장 큰 영향을 미치는 것은 바로 사람이다. 얼굴 생김새야 타고난 대로 산다고 하지만, 옷만큼은 자신의 노력에 따라 얼마든지 바꿀 수 있다는 점에서 직장인 개개인의 옷에 대한 무신경과 무관심은 그만큼 회사의 이미지를 깎아내리는 치명적인 일이라고 할 수 있다.

엄격한 드레스 코드를 통한 긍정적인 투자와 관리

사실 처음 삼성으로 이직했을 때 신입사원들마저도 고급스러운 명품 브랜드나 구두, 혹은 필기구를 쓰는 것을 보고 적지 않게 놀라기도 했다. 특히 그 중에서도 이모 신입사원은 '가지고 다니는 것 전부가 다 명품'일 정도였다. 집안이 부유해 자동차도 외제차였다. 물론 그가 좀 특수한 경우라고 하더라도 상당수 삼성맨들은 자신의 이미지를 좋게 하기 위해 꽤 많이 노력하고 있다.

독일 주재원으로 있었던 박 차장과 이 부분에 대해서 이야기한 적이 있었다. "아무리 그래도 신입사원들이 명품을 입는 것은 좀 그렇지 않은가" 하는 것이 질문의 요지였다. 박 차장도 그 부분에 대해서 완전히 부정하지는 않았지만, 옷이 가진 영향력이 어느 정도인지를 잘 설명해주었다.

"문 그룹장, 사실 옷이라는 게 별거 아닌 거 같으면서도 꽤 중요해. 우리도 이 부분에 대해서는 한번 잘 생각해봐야 해. 사실 우리 회사가 크고 선두그룹에 있기 때문에 여러 나라의 중요한 사람들을 많이 만나지 않는가. 그런 사람들은 웬만한 사람들은 만나주지도 않을 정도야. 그러니까 그 사람들을 만날 때는 우리들도 옷에 더 신경을 써야 해. 난 우리 팀원들에게 비싼 맞춤셔츠를 입으라고 해. 우리가 좀 더 멋지게 입고 긍정적인 인상을 주어야 그것이 회사에도 도움이 되지 않겠나."

그 후 옷에 대한 생각이 완전히 달라졌다. 그렇다고 늘 명품만 입으면서 사치를 하라는 이야기는 아니다. 가격도 따져야 하겠지만 최소한 중요한 미팅에서 입는 옷만큼은 가격보다는 세련된 멋을 더 따져야 한다는 점이다. 또한 그것이 자신의 모습을 긍정적으로 바꿀 수 있다면 그것은 분명 '투자'인 것이다.

그런데 이렇게 옷에 대해 신경쓰다 보니 옷차림이 주는 또 다른 효과를 발견할 수 있었다. 그것은 '아침에 옷을 신경 쓰면 하루를 대하는 태도가 달라진다'는 사실이었다. 대충 아무 옷이나 입고 집을 나서는 사람과 정성스럽게 옷을 차려입고 업무를 시작하는 사람은 일상을 대하는 자세 자체가 달라진다. 삼성에서 엄격한 드레스 코드를 요구하는 것에는 바로 이런 이유가 있다. 옷은 외부적으로 긍정적인 이미지를 주기도 하지만, 그 개인에게도 하루하루를 대하는 엄격한 태도와 절제된 마음가짐을 갖게 한다.

삼성의 드레스 코드

　삼성의 간부 연수 중에는 '옷 잘입기'에 대한 내용이 빠지지 않는다. 그만큼 간부들에게 있어 매우 중요한 이야기인 것이다. 옷 잘입기의 기본은 '튀지 않으면서도 세련된 느낌을 준다'는 것이다. '멋지게 옷을 입어라'라는 말이 결코 '비싼 옷을 입어라'라는 말이 아닌 것은 여기에서도 드러난다. 중요한 것은 가격이 아니라 어떻게 잘입느냐 하는 것이다. 따라서 옷을 고를 때는 자신에게 맞는 세련된 느낌을 기준으로 고르는 것이 무엇보다 중요하다.

　또한 기본적으로 러닝셔츠를 반드시 입어야 한다. 여름에 덥다고 러닝셔츠를 입지 않는 것은 여자로 치면 블라우스 안에 브래지어를 하지 않은 것과 다름없다. 또한 셔츠 상의는 반드시 바지 속으로 넣어야 하며 양복을 입을 때 양말은 검은색 계통이나 진한 색을 신어야 한다. 양복 입기 중에서 최악의 선택은 바로 흰 양말이다. 이것만 제대로 지켜도 '기본'은 한다고 할 수 있다. 미팅을 할 때는 넥타이의 색깔에도 신경써야 한다. 조문을 갈 때 빨간색 넥타이를 하고 가는 사람이 없듯이, 진지한 업무 이야기를 하는데 너무 화려한 색깔의 넥타이를 해서는 안 된다. 여성의 경우라면 몸에 너무 꼭 붙는 옷이나 짧은 스커트 역시 적당하지 않다. 또한 요란한 액세서리도 반드시 피해야 할 부분이다.

퇴근시간에 대한
입장과 행동을 결정하라

많은 직장인들이 다른 무엇보다 예민하게 받아들이는 것은 바로 퇴근 시간이다. 따지고 보면 '칼퇴근'을 하고 싶지 않은 직장인은 없을 것이다. 그리고 그것이 문제가 되어 회사에 불만을 가지기도 한다. 거기다가 '퇴근이 늦으면, 지각을 해도 좀 봐줘야 하는 것 아닌가?'라는 생각이 은근히 고개를 들기도 한다. 그런데 여기에서 한걸음 더 나아가 '퇴근이 늦는 회사는 좋지 않은 회사', '직원들을 무진장 고생시키는 회사'라는 인식이 있는 것도 사실이다. 그렇다면 퇴근이 자꾸만 늦어지는 본질적인 이유는 무엇일까? 그저 해당 회사의 고질적인 문화 때문이며 '악덕 고용주'의 은근한 강요 때문일까?

사실 정말로 '악덕 고용주'가 아닌 이상 회사는 직원들이 최대한

64

의 휴식을 통해서 최적의 컨디션을 유지하길 기대한다. 최근 기업들이 직원에 대한 복지정책을 늘리고, 안정적인 퇴근을 보장하려 하고, 또 '감성경영'이나 '펀경영'을 도입하고 있는 것도 모두 이와 관련이 깊다. 직원들 개개인이 최적의 상태가 되어야 회사의 업무도 높은 효율성을 유지할 수 있고 창의적인 업무를 전개해나갈 수 있기 때문이다. 이것이 곧 기업의 경쟁력과 연결되는 것은 당연한 일이다.

그렇지만 기업 현장에서는 안타깝게도 늘 잔업과 야근이 존재한다. 오히려 경영자의 의지와는 정반대의 일이 생긴다는 이야기다. 이는 곧 '늦은 퇴근'의 문제가 단순히 고용주 개인의 문제나, 혹은 상사 개인의 문제만은 아니라는 의미이기도 하다. 오히려 이는 한 회사가 전개해나가고 있는 비즈니스 사이클과 적지 않은 연관을 맺고 있다고 봐야 한다. 회사가 지금 막 매출이 올라가고 있는 상승기일 때, 혹은 반대로 하강기이지만 다시 이를 치고 올라가려는 노력을 할 때 잔업과 야근이 자주 발생하게 된다. 또한 신규 사업을 시작할 때에도 마찬가지다. 사실 새로운 비즈니스를 시작한다는 것은 생각보다 훨씬 많은 에너지가 투입되는 일이라고 할 수 있다.

결국 이렇게 본다면 야근이 많다는 것은 회사가 역동적으로 움직이고 있다는 증거이기도 하고, 혹은 침체기를 겪고 있어 이를 극복하기 위해 최선을 다하고 있을 때라고 할 수 있다. 개인적으로 많은 시간을 투여한다는 점에서 희생이 따르는 일일 수도 있지만 그만큼 회사가 더 나은 방향으로 가고 있다는 징후로 파악해도 큰 무리는 없을 것이다. 물론 회사가 안정기에 접어들면 퇴근 시간도 안정된다고 볼 수 있지만, 지금과 같은 격렬한 비즈니스 전쟁이 펼쳐지는 상황에서는 오히려 '안정기'야말로 '침체기'라고 볼 수 있다. 역동적으로 움직이고 있는 회사에서 야근을 불사하고 최선의 노력을 기울이는 것은 본인 스스로도 자긍심을 느낄 수 있는 일이라고 할 수 있다.

확고한 입장 표명을 통해 행동을 결정하라

나 역시 퇴근 시간과 관련해서 고생한 경우가 많다. 삼성에서 일할 때 가장 힘들었던 것 중의 하나가 바로 저녁 식사 시간과 관련된 것이다. 당시 임원이었던 홍 상무님은 모든 일을 스피디하게 처리하길 원하셨고 저녁 7시나 8시에도 수시로 직원들을 부르곤 하셨다. 따라서 각 팀장은 보통 8시까지 거의 식사를 하지 못했다. 팀장들이 식사를 못하니 팀원들도 식사를 못하게 될 수밖에 없다. 저녁 식사 시간이 늦는다는 것은 퇴근 시간도 당연히 늦어진다는 것을 말한다. 심지어 공장에 근무하는 상사들의 경우 개발 프로젝트가 바쁠 때는 일주일에 한 번밖에 집에 들어가지 못하는 경우도 있었다.

그럼에도 그들이 그렇게 열심히 일에 몰두할 수 있는 것은 개인적인 시간의 여유보다는 자신의 발전과 회사의 발전에 더욱 큰 의미를 두기 때문이라고 할 수 있다. 가능하다면 평생 열심히 일할 수 있는 자신의 터전을 가꾸고, 그 안에서 경제적인 여유를 누리고 삶을 발전시켜가겠다는 근본적인 동인이 있기 때문이다. 하지만 이러한 가치를 받아들이지 못했을 경우에는 선택할 수 있는 방법이 그리 많지 않다. 퇴근 시간이라는 것이 자신의 인생에서 정말로 중요하다고 생각된다면, 그래서 늦은 퇴근을 정말이지 참을 수 없는 경우라면 과감하게 전직을 하는 것도 필요하다. 하지만 이럴 경우 동종업계로 가거나 혹은 다른 유사 기업으로 가는 것은 별로 의미가 없다. 아예 업종 자체를 완전히 바꾸어야 한다는 것이다. 자신의 퇴근 시간이 확실하게 보장되거나, 혹은 퇴근 시간에 연연하지 않을 정도로 몰입할 수 있는 일을 찾아야 한다.

삼성의 후배 중에 그런 친구들이 있었다. 강원도에서 상경한 여자 후배 이양은 늘 웃고 다니는 여직원이었다. 강원도라는 넉넉하고 여유 있는 환경에서 자란 그녀는 급하게 업무를 처리하고 빡빡한 일정을 감당하지 못했다. 매일 전투적으로 일하는 늦은 야근도 마찬가지였다. 언제부터인가 얼굴에서 웃음도 사라지고 퇴근 시간에 대해 민감해지기 시작했다. 결국 그녀는 직장을 그만두고 다시 공부해서 중학교 교사가 됐다. 자신이 일하는 분야를 완전히 바꿔버린 것이다. 학교 선생님의 경우 퇴근 시간만큼은 잘 지킬 수 있으니 그녀의 입장에서는 삼성보다 더 좋은 최고의 직장인 것이다. 신문방송을 전공한 남자 직원 역시 전직을 해서 모 방송국의 기자가 되었다. 물론 기자도 퇴근 시간이 불규칙하기는 마찬가지지만 자신의 적성에 딱

맞는 일이다 보니 신나게 일할 수 있었다.

어떤 점에서 '퇴근 시간'이라는 것은 회사의 방향과 개인의 이익을 첨예하게 가르는 기준점이 된다고 볼 수 있다. 비록 그것이 최종적으로는 서로에게 적대적인 것은 아니지만 당장의 현실적인 모습에서는 서로의 요구 사항이 상충될 수 있기 때문이다. 그런 점에서 퇴근 시간이라는 것에 대한 자신의 입장을 확고하게 정할 필요가 있고, 그 기준에 따라서 자신의 행동을 결정짓는 것이 현명한 일일 것이다.

삼성 신입사원

품의서는 쓰지만 '응원군'을 벗어나지 못하는 아직은 햇병아리!

입사에서부터 5년차까지는 가장 정열적으로 일을 배워나갈 때며 또한 이 시기야말로 모든 업무의 '기본'을 배우는 때라고 할 수 있다. 이때 어떤 업무를 어떻게 배우느냐 하는 것은 부장과 임원, 심지어 사장이 되어서도 뼛속 깊이 각인되는 '업무 달인의 DNA'를 형성하게 된다. 일단 이러한 DNA가 한번 형성되면 업무를 꿰뚫어보고 그것이 어떻게 진행되어야 가장 효율적이고 명쾌하게 성과를 낼 수 있는지를 한 눈에 파악할 수 있게 된다. "아!" 하면 "어!" 하는 뛰어난 순발력을 발휘하는 것은 물론 상사에게도 "탁월하다"는 평가를 들을 수 있게 된다. 물론 아래의 업무 숙달 프로세스는 각자의 전문 분야에 따라서 달라질 수 있고 또 회사의 문화에 따라서도 약간씩은 차이가 있을 것이다. 하지만 업무를 다루는 본질적인 능력을 배양시킨다는 점에서는 크게 다를 것이 없다. 현재 자신의 연차와 자신이 하고 있는 일, 그리고 앞으로 배워야 할 일을 염두에 두면서 업무 숙달 프로세스를 살펴보도록 하자.

■ 1년차 업무 숙달의 상태

이 시기에는 사무실과 공장의 분위기를 파악하고 기업문화를 익히는 데 적지 않은 힘이 들 때다. 바쁜 상사를 도와주고는 싶으나 업무 양식도 제대로 모르고 누구를 어떻게 접촉해야 할지도 모르는 고민의 기간이기도 하다. 이러한 고민은 대략 입사 3개월 정도까지 지속된다.

■ 1년차 때 배우게 되는 일들

처음 하게 되는 일로 임원의 출장 일정표 짜기, 그리고 품의서 쓰는 법을 배우는 것이 있다. 특히 품의서의 경우 초기에는 이것저것 빼먹고 쓰는 경우가 적지 않아 사수나 그룹장들에게 많은 지도를 받게 된다. 그러나 4~5개월이 지나면 웬만한 것은 거의 다 쓸 수 있게 된다.

하지만 공장의 문제를 직접 대면하거나 혹은 고객들을 직접 접할 수 있는 기회나 능력은 아직 부족하다. 따라서 사수와 함께하며 고객 미팅에 참여하거나 식당을 예약하는 일 등을 하게 된다. 즉, 앞서서 뛰어가는 선배, 상사를 위한 응원부대의 일선에 서게 되는 것이다. 하지만 여기까지도 '본격적인 업무'나 '본격적인 업무의 보조'라고 보기엔 미흡하다.

7개월이 넘어서면서부터 '본격적인 업무의 보조'라고 할 수 있을 만한 일을 하게 된다. 해외법인이나 거래처의 담당자와 파트너가 되어 보조업무를 하게 된다. 또한 외부에서 시장조사 자료가 오면 여기에 살을 붙여 상사나 임원에게 보고하는 일을 하게 된다. 혁신을 지속적으로 추구하는 기업의 경우에는 이때에 6시그마 등 기업에서 추진하는 기본 업무와 혁신의 틀을 배우게 되고 이와 관련된 교육도 많이 받게 된다. 하지만 신입사원들이 배워야 할 것을 회사에서 모두 챙겨줄 수는 없다. 따라서 필요한 것은 본인 스스로 공부하는 것이 절대적으로 필요한 시기다. 또한 업무에 필요한 OA 등은 스스로 파악해서 다른 사람들의 업무 수준 이상이 될 수 있도록 노력해야 하는 시기이기도 하다. 하지만 삼성은 신입사원이 부서에 배치되면 온라인 교육과 OA테스트 등으로 수년 내에 반드시 기본적인 역량을 배양할 수 있도록 사업부별로 다양한 시스템을 가동하고 있기 때문에 혼자서 모든 것을 다해야 한다는 부담감을 어느 정도 줄일 수 있다.

■ 1년차 때 반드시 배우고 넘어가야 할 업무 스킬

– 직장 분위기 파악 (조직에서 강자는 누구인가? 조직에서 원하는 인재상은 어떤 것인가? 어떤 문화를 가지고 있는가?)
– 업무를 위한 기본 문서 양식의 파악과 숙달

- 함께 업무를 하는 동료에 대한 파악

- 회사 근처의 맛집에 대한 파악

- 마케팅에 대한 기본개념 익혀나가기

- 어학실력에 대한 꾸준한 노력

- 6시그마 등의 기업혁신 활동에 대한 교육 참여와 본인의 공부

- 기본 OA의 숙달 (워드, 엑셀, 파워포인트 등)

■ 1년차 때 숙달해야하는 양식

- 출장 일정표

- 기본 품의서 / 출장품의

- 구매 품의서 (일반물품)

- 고객방문 대응안

2장 삼성 2년차 Intermediate STEP

누구도
딴지 걸지 못할
강력한
업무력

비기너 스텝에서 기본을 갖췄다면 이제는 빠르게 치고 나가는 순발력 있는 업무의 노하우를 배울
차례다. 1년차를 넘어서고 2~3년차가 되면 본격적으로 자신만의 업무영역을 배정받게 되고, 상
사들은 당신의 일 처리능력을 유심히 살펴보기 시작할 것이다. 바로 이때 일의 맥락을 틀어잡고
깔끔하게 마무리해내는 능력을 보여주어야 한다. 이번 장에서는 앞에서 살펴본 '보고'의 부분에
대한 더욱 심화된 내용과 사장과 같은 마인드를 가지고 일의 완성도를 최고치로 이끌어가는 법,
그리고 능수능란한 임원과 손님접대법까지 두루 살펴보고자 한다.

업무 집중도를 높이기 위해서는 책상을 정리하라

신입사원일 때는 업무의 양이 적기 때문에 책상에 무언가가 수북이 쌓일 여지가 별로 없다. 그러나 일이 많아지기 시작하면 책상이 지저분해진다. 자신의 책상을 정리하는 것은 일종의 허드렛일처럼 보이기도 한다. 그저 시간 날 때, 혹은 너무 지저분할 경우에만 해야하는 일로 생각되기도 한다. 하지만 '책상 정리정돈'이 가지고 있는 힘은 생각보다 크다. 특히 정리정돈은 업무의 집중도를 높인다는 점에서 반드시 염두에 두어야 할 부분이다.

삼성의 일부 계열사들은 '페이퍼레스 컴퍼니(paperless company)'를 표방하면서 이에 관한 주기적인 교육을 실시했다. 가능하면 종이로 문서화하기보다는 파일형태로 만들고 그것을 체계적으로 관리하는 것이다. 한 달에 한두 번은 필요 없이 출력된 문서를 파쇄하는 날을 정하기도 했다. 이러한 정책은 큰 맥락에서 '책상 정리정돈'과도 궤를 같이하고 있다.

전에 중견기업에서 모셨던 권 사장님의 경우 늘 '책상 정리정돈'을 강조하셨다. 처음에는 그 의미를 정확히 이해하지 못했다. 하고 있는 업무만 충실하게 잘하면 됐지, 부수적인 책상 정리정돈까지 신경써야 하는지 쉽게 이해할 수 없었다. 하지만 시간이 흐르면서 권 사장님이 한 말이 이해되기 시작했다. 책상을 정리한다는 것은 곧 내 머릿속을 정리하는 것과 마찬가지의 의미였다.

업무라는 것이 늘 단 하나의 일만 할 수 있는 게 아니다. 한꺼번에 서너 가지의 일을 맡을 수도 있고 또 상사가 시키는 돌발적인 일들을 처리해야 할 때도 있다. 자연스럽게 메모도 여기저기 붙게 되고 각종 자료들은 이리저리 흩어지게 된다. 이런 일이 반복되다 보면 당장 해야 할 일이 무엇인지 헷갈리게 되고 책상만 봐도 마음이 산란할 때가 적지 않다. 시각적인 혼란함이 정신적인 혼란함으로 연결되고 또 반대로 정신의 혼란함이 책상의 어지러움으로 표현되는 것이다.

결국 책상의 상태는 내 머리의 상태와 똑같다고 보면 된다. 당장 해야 할 메모와 자료, 어느 정도 시간을 두어도 괜찮은 것, 그리고 마감만 챙기면 될 일들을 구획하고 정리해서 책상배치를 해야만 나 스스로도 헷갈리지 않고 일을 정리할 수 있다는 이야기다. 따라서 매일 아침, 혹은 특정 시간을 정해서 책상을 정리하는 일은 반드시 필요하다. 이는 단순히 '책상 위의 물건'을 정리하는 것이 아니라 나 자신이 하고 있는 '일의 정리'와 동일한 의미라고 할 수 있다.

책상 정리를 통해 일의 부팅 시간을 줄여라

또한 책상 정리는 새로운 일의 '부팅 시간'을 줄이는 데도 꽤 효율적이다. 일의 시작이 항상 늦는 사람이 있다. 뭐가 그렇게 생각할 게 많은지, 늘 하던 업무이면서도 시작의 속도가 늦는 사람들이다. 특별한 이유도 없이 미적거리고 손에 일을 잡지 못하는 스타일이다. 일의 시작이 늦으니 진행 속도가 늦고 결과적으로 마감의 속도도 늦을 수밖에 없다.

이에 반해 늘 속도가 빠른 사람들이 있다. 그들은 순식간에 업무를 파악하고 마치 독수리가 먹이를 향하듯 빠르고 날카롭게 업무의 본질을 향해 집중하는 사람들이다. 삼성SDI에서 그룹의 부서원으로 일했던 정 대리가 바로 그런 경우였다. 그는 해외 유학파도 아니었고 석박사급 인재는 더더욱 아니었다. 그럼에도 그는 언제나 일의 속도가 상당히 빨랐다.

늘 마감 시간 이전에 업무를 끝내고 최소한 두 번 이상은 주변 사람들의 피드백을 받으면서 최종적인 마감을 향해 업무의 칼끝을 날카롭게 겨누는 스타일이었다. 두 가지 이상의 업무를 맡을 때도 그는 비슷한 작업 속도를 보여주었다. 그가 어떤 노하우로 일하는지 책상 주변을 오갈 기회가 있으면 곁눈질을 해보곤 했지만 딱히 눈에 보이는 '비법' 같은 것은 없는 듯했다. 단지 그의 책상이 지나치게 단출하다는 것 외에는 특별한 특징이 없었다.

회식자리에서 은근히 그를 추켜세우며 그 노하우를 물어보았다. 그랬더니 그는 '순간이동의 기술'이라며 멋쩍어했다. 도대체 '업무'라는 것과 '순간이동'이 무슨 상관일까? 그는 우선 매일 아침 30분씩 책상을 정리한다고 했다. 하지만 그의 책상 정리는 단순한 '물건 정리'가 아니었다. 그는 책상을 정리하면서 오늘의 업무에 필요한 각종 자료를 폴더 단위로 정리해놓고 중간마다 필요한 자료를 준비한다고 했다. 이렇게 모든 자료를 미리 준비해놓으면 중간에 또다시 자료를 찾으면서 시간을 낭비할 일이 없어진다는 것이다.

특히 그는 동시에 두 가지 이상의 일을 위해서는 '생각이동의 기술'이 필요하다고 했다. 가장 필요하고 핵심적인 자료만을 스크랩해서 A3 용지 같은 것에 집중적으로 붙여놓고 전체적으로 한눈에 업무를 파악하는 것이다. 그리고 다른 일을 할 때는 또다시 그와 비슷한 방식으로 업무 전체를 한눈에 꿰뚫어본다고 했다.

사실 사람이 습득하는 정보의 90% 정도가 눈을 통한 것이라고 하니 업무를 하기 위해 앉아 있을 때 바라보게 되는 책상을 어떻게 정리하느냐가 산만하지 않은 두뇌상태를 만드는 최상의 조건인 것이다. 정 대리의 책상이 지나치게 단출했던 것도 바로 그러한 이유였다. 그의 빠른 업무 속도가 윗선에 알려지면서 '이머전시(emergency)'라는 판단의 업무는 대개 정 대리의 몫이 되었고 그때마다 그는 자신의 실력을 유감없이 발휘했다. 인사고과가 늘 좋았던 것은 두말할 필요도 없다.

이렇게 늘 정리정돈하는 것은 한편으로 자신을 풀어지지 않게 하고 늘 긴장하는 자세를 만드는 데도 많은 도움을 준다. 매일 규칙적인 시간에 규칙적인 행동을 하면서 규칙적으로 일의 진행 상황을 체크하고 보완하는 것은 언제 생길지 모르는 '불시의 사건'으로부터 자신을 보호하고 방어하는 역할을 한다. 문제는 방심하는 것은 너무도 쉬운 일이지만 그것으로 인해 발생하는 결과는 결코 쉽게 대할 수 없는 경우가 많다는 것이다.

책상과 머리를 항상 '클린'하게 하라

단 한 번의 방심이 가져올 수 있는 커다란 결과에 대해서 느낄 수 있는 사건이 있었다. 앞서 이야기했던 '페이퍼레스 컴퍼니' 정책이 시행되고 있을 때였다. 퇴근 전에 자신의 사물함에 노트북을 넣고 열쇠로 잠그는 것은 업무자 스스로 철저하게 자신의 문서를 관리해야 한다는 의미도 있었지만 회사에 누군가가 몰래 들어와 문서를 반출하려는 것을 막으려는 의도도 있다. 만약 '불심검문'에 걸리게 되면 시말서를 쓰는 것은 물론 호된 경고가 있을 것이라는 공지가 떴다.

무더운 8월의 어느 날이었다. 그날도 평상시처럼 밤 10시가 될 때까지 일에 매진하고 있었다. 그때 갑자기 고등학교 친구가 근처에 있다고 연락이 왔다. 하던 일을 멈추고 밤 10시 반쯤 친구들이 있는 식당으로 향했다. 회사에서 나가기 전까지 옆자리에서는 조 대리가 함께 일하고 있었다. 그는 평소에도 회사의 타이트한 정책에 대해 약간의 불만을 가지고 있었다. 일을 정리할 즈음 그 역시 자리를 정리하며 일을 마무리했다. 그가 사물함에 노트북을 넣지 않는 모습이 슬쩍 보였지만, 일일이 참견할 일도 아니었고, 나 스스로도 마음이 급한 터라 그냥 넘기고 말았다. 나 역시 잠깐 친구들을 만나고 다시 회사로 들어올 생각이어서 노트북을 끄지 않은 것은 물론 양복 상의 까지 모두 의자에 걸치고 나왔다.

그런데 친구들과 이야기를 나누다 보니 생각보다 시간이 훌쩍 지나 새벽 1시가 다 되었다. 지금 회사에 들어가느니 차라리 집에 갔다가 새벽에 일찍 나오는 것이 더 낫겠다는 생각에 서둘러 집으로 향했다. 노트북을 사물함에 넣지 않은 것이 마음에 걸리기는 했지만 '설마, 오늘 같은 날 불심검문을 하겠어?'라는 안이한 생각으로 넘겨버리고 말았다. 그리고 아침 7시에 회사에 출근하니 깜짝 놀랄 만한 일이 발생했다. 감사팀에서 조 대리의 노트북을 압수하고 감사팀으로 면담을 오라는 메모를 남겨놓았다. 가슴이 철렁했다. 그런데 다행히도 나의 노트북은 압수되지 않았다. 양복 상의가 의자에 걸려 있다보니 새벽에 감사를 나온 감사팀이 '퇴근한 게 아니라 잠시 자리를 비운 것'으로 판단한 것이다. 그날의 일화는 어쨌든 '운'에 불과한 일이었지만 평상시의 철저한 자세가 어떤 결과를 미치는지 여실히 보여주는 사건이라고 할 수 있다.

규칙적인 정리정돈과 그것을 통해서 불시의 사건에 대해 항상 경계하고 준비하는 자세는 자신의 컨디션을 최상으로 조절하고, 그것을 유지시키려는 노력의 일환이라고 할 수 있다. 늘 자신의 머리를 '클린'하게 하라. 그리고 그것을 통해 자신을 방어할 힘을 저축해두자.

궁극의 자기 관리

앞서 권 사장님이 평소에 하시던 말씀 중에서 아직도 인상 깊게 남아 있는 말이 있다. 그것은 바로 "사장님의 운전기사에게 잘하라"는 이야기였다. 그 말의 의미는 과연 무엇일까?

직장인들은 끊임없이 자기 관리에 신경을 써야 한다. 그런데 이러한 자기 관리에 있어서 '궁극의 지점'이 바로 이 운전기사에 관한 부분이 아닐까 한다. 물론 사장, 혹은 임원들이 운전기사의 말 한마디에 좌지우지되지는 않을 것이다. 하지만 사람이란 늘 가까이에서 자신을 보좌하고 도움을 주는 사람들의 말을 신뢰하기 마련이다. 평소에 운전기사에게 밉보이게 되면 그것이 어떤 방식으로든 사장의 의견에 영향을 미칠 수밖에 없다. 사장과 임원들은 사소하게 지나가는 한마디에서 중요한 단서를 포착하는 데 매우 능숙한 사람들이다. 심지어 운전기사의 말이라고 해도 결코 쉽게 넘기는 법이 없다. 그런 점에서 '자기 관리의 끝'은 바로 운전기사라는 점을 염두에 두어야 한다. 물론 여기에는 사장과 임원의 곁에서 보좌하는 비서도 포함된다. 자신보다 직급이 낮은 사람에게 더 친절하고 배려해야 하는 것은 직장인이 가져야 할 겸손의 미덕이기도 하다.

사장처럼 충성을 다해
일한다는 것의 의미

많은 사장들은 직원들이 '사장처럼 일해주길' 원한다. 그리고 또 성공한 많은 사람들은 후배들에게 "사장처럼 일하라"라고 말한다. 나역시 삼성의 많은 임원들에게서 같은 말을 수없이 들어왔다. 도대체 사장처럼 일한다는 것은 어떤 의미일까? "이 회사는 내 회사"라고 끊임없이 주문을 외면서 회사에 대한 애착을 높이라는 것일까? 아니면 '월급 주는 사람의 입장'을 이해해서 그 월급이 아깝지 않을 정도로 많은 일을 하라는 것일까? 혹은 '사장들은 돈 들어가는 걸 아까워하니까 악착같이 부대비용을 아끼면서 업무를 하라'는 의미일까?

어떤 직장인들은 이 말을 오해한 나머지 알레르기 반응을 보이기도 한다. '내가 사장도 아닌데 그렇게 일하면 사장만 좋은 거 아니냐?' 혹은 '내 회사도 아닌데 내가 왜 희생을 해?'라는 생각이 지배적이다. 사장처럼 일하라는 말의 이면에 '회사를 위해 희생하라'는 강요가 은연 중에 녹아 있다고 생각하는 것이다.

사실 이것은 직원들에게 희생을 강요하거나 혹은 사장 혼자만 좋으라고 하는 말이 결코 아니다. 이는 자신의 한계를 돌파할 수 있는 계기를 마련해주고, 이어 종합적인 판단력과 미래를 바라보는 거시적인 안목을 키워주는 훌륭한 방법이라고 할 수 있다. '사장연습'을 한다는 것은 곧 '성공연습'을 하는 것과 마찬가지이다.

우선 첫 번째로 사장들은 직원들이 '실질적인 성과'를 얻기를 원한다. 여기에서 성과란 매출, 곧 돈을 버는 것을 의미한다. 직접적이든, 간접적이든 매출을 올리지 못하는 일에 사장들은 관심이 없다. 그러나 매출을 올린다는 것은 모든 노하우와 실력이 집약되어야만 가능한 일이다. 수많은 경쟁자를 꺾을 수 있는 업무역량을 갖추지 않고서는 매출 자체가 발생하지 않는다. 결국 사장처럼 일한다는 것은 곧 '최고의 업무역량'을 갖추는 것을 의미한다. '사장처럼' 일하게 되면 자신의 회사가 발전할 뿐만 아니라 그 과정에서 자신도 더욱 업그레이드된다는 이야기다.

'사장처럼 일하기'의 두 번째 성과는 역경을 헤쳐나갈 수 있는 의지력을 기를 수 있다는 점이다. 사장들은 결코 쉽고 만만하게 일을 포기하지 않는다. 직원의 월급을 위해, 그리고 자신의 부(富)와 명예를 위해서 결코 물러설 수 없는 싸움을 하는 사람들이 바로 사장들이다. 하지만 직원들의 경우 엄밀하게 그리 절박한 위치에 처해 있지 않다. 회사가 망하면 자신도 일자리를 잃는다는 생각을 할 수는 있겠지만 '다른 곳에 가면 되지 뭐'라는 생각이 절박함의 농도를 희석시킨다. 사장보다 훨씬 쉽게 포기하고 집요하게 일에 매달리지 않는다는 것이다. 하지만 사장의 마음으로 일하게 되면 일을 대하는 태도 자체가 확연하게 달라진다. '안되면 말지'가 아니라 '반드시 되게 한다'로 변한다. 이 두 가지 중에서 어떤 자세와 태도가 더 탁월한 성과를 낼지는 굳이 말하지 않아도 알 수 있는 일이다.

또한 사장처럼 일하기는 자신의 좁은 시각을 탈피하고 전체를 종합적으로 바라볼 수 있게 하는 혜안을 길러준다. 주어진 업무에 만족하고 그것만 이뤄내면 더 이상 나의 책임은 없다고 생각하는 직장인들이 많다. 하지만 그런 제한적인 시각만으로 장기적인 자기 발전을 도모하기란 쉽지 않은 일이다. 사장의 시각은 '전체'를 꿰뚫고 있다. 매출구조, 인력 활용, 위기관리, 신 성장동력 개발 등 모든 것을 종합해서 전략을 짜고 매 시기에 맞는 전술을 구사한다. 사장처럼 일하면 바로 이러한 혜안을 기를 수 있게 된다. 이러한 종합적인 시각은 또한 자신의 업무역량으로 선순환되어 쌓이게 된다. 현재 자신의 업무를 주어진 업무 그 자체로 보면서 일하는 것과 전체적인 회사의 발전 과정에서 나름의 의미를 파악하고 그 위상을 꿰뚫고 일하는 것에는 커다란 차이가 있다.

'사장처럼 일하기'는 사장보다는 당사자 개인에게 더욱 '남는 장사'라고 할만하다. 탁월한 업무역량을 기르고 역경과 싸울 투지를 높이고 종합적인 시각을 연마하는 것은 모두 이 '사장처럼 일하기'에서 기인하는 것이다. 그러니 이를 두고 '희생을 은연중에 강요한다', '나만 손해다'라고 생각하는 것은 적지 않은 착각이라고 할 수 있다.

사장처럼 일하기는 한계 상황을 극복해나가는 진정한 도전이다

그렇다면 '사장처럼 일하기'에 한계는 어디까지일까? '실제 사장처럼' 일해야 하나, 아니면 어느 정도의 마음가짐만 '사장처럼' 가지면 된다는 이야기일까? 나는 명확하게 '실제 사장처럼'이라고 확신한다. 이렇게까지 확신하는 것은 아버지의 임종과 관련되어 내가 겪었던 특별한 일 때문이기도 하다.

내가 삼성에 들어간 후 한창 일을 열심히 할 때 아버지가 암에 걸리신 것을 알게 되었다. 교통사고로 오랫동안 병원 생활을 하신 어머니를 간호하다 암에 걸리신 것이었다. 암이 발견되고 한 달 사이에 병세가 급속히 진행되었다. 나 역시 관련 건강 책들도 많이 보고 아버지가 식습관을 고쳐 암을 이겨내실 수 있도록 여러 가지 시도도 해봤다. 하지만 그 와중에 회사 일을 게을리 할 수 없었다. 아버지는 내가 삼성에 입사했을 때 그 누구보다 기뻐하셨다. 그런 아버지를 위해서라도 일에 정진하는 것이 나의 도리라고 생각했다. 그렇게 암투병이 한 달, 두 달 지나가면서 병세는 더욱 악화되었다.

그러던 어느 토요일, 병원에서 "오늘은 집에 가지 말고 병원에서 지내시는 게 좋을 것 같다"라는 이야기를 했다. 그날 밤은 밤새도록 괴로워하시는 아버지의 병간호를 하면서 지새웠고 다음날 아침을 맞았다. 하지만 주말이어도 일을 놓을 수가 없었다. 임원이 6시그마와 관련된 챔피언 과제를 체크하는 월요일을 대비해 무슨 수를 써서라도 일요일에는 일을 모두 끝내야 하는 입장에 처한 것이다. 뿐만 아니라 과제를 이메일로 송부하는 것도 회사에 가서 해야 했다. 보안 때문에 일반 PC방 같은 곳에서 할 수가 없기 때문이었다.

때마침 형들도 함께 병원에 있었기 때문에 잠시 회사에 다녀오겠다고 했다. '설마 몇 시간도 안 되는 그 사이에 무슨 일이 있겠어?'라는 생각을 하면서 말이다. 아버지께 잠시 회사에 다녀오겠다고 말씀드리자 "그래 아무 생각하지 말고 일 열심히 해라. 나는 네가 사장이 되면 좋겠다"며 오히려 빨리 사무실에 가라고 말씀해주셨다.

다소간은 홀가분한 마음으로 사무실에 도착해 작성해놓은 과제를 수정하고 이메일을 보냈다. 그리고 다시 병원으로 향하려는 순간, 형에게서 전화가 왔다. 내가 일을 하고 있었던 그 순간, 아버지는 마지막 고통과 싸우시다가 결국 세상에 작별을 고하신 것이다. 아들로서 아버지의 임종을 지키지 못했다는 자책감은 컸지만 결코 후회하지는 않았다. 어쩌면 그것이 "네가 사장이 됐으면 좋겠다"는 아버지의 유언을 지키려는 노력의 일환이었을 수도 있기 때문이다. 그 후 가끔씩 '사장처럼 일하기는 어떤 것일까?'를 생각할 때마다 내가 겪었던 그 일이 생각났다. 그렇다고 일을 하느라 아버지의 임종도 지키지 말라는 이야기가 아니다. 그 어떤 상황에서도, 또 자신이 도저히 뛰어넘을 수 없을 것 같은 한계 상황에 직면한다고 하더라도 반드시 일을 해내고 그것을 위해 도전하는 것이 바로 진정한 '사장처럼 일하기'가 아닐까?

그때 진행한 챔피언 과제는 목표를 50% 이상이나 초과 달성해서 A 평가를 받았다. 그때 나는 다시 한 번 아버지 생각이 간절했다. 그나마 아버지의 살아생전 뜻을 조금이나마 실천해가고 있다는 생각이 들었기 때문이다.

상사를 벤치마킹하라

'사장처럼 일하기'와 같이 오해와 편견을 가지고 있는 또 하나의 주제는 바로 '충성'이다. 사장을 비롯한 임원들은 '충성하는' 직원들을 좋아하고 그들에게 많은 연봉을 준다. 또한 직원들이 최대한 자신에게 충성하기를 원한다. 하지만 이 충성에도 역시 부정적인 반응을 보이는 직장인들이 있다. 일종의 '사내정치'라는 부분과 연결되면서 또 다른 왜곡을 만들어내는 것이다. 충성을 '회사에서 살아남기 위한 잔머리', '승진을 위해 아양을 떠는 행위' 등으로 격하시키고 이에 거부반응을 나타낸다. 하지만 놀랍게도 삼성 역시 직원들을 판단할 때 가장 높이 사는 부분은 다름 아닌 '충성심'이다. 그렇다면 삼성은 왜 그토록 충성심을 높이 평가할까. '회사에 살아남기 위해 안간힘을 쓰는 직원'을 뽑기 위해? 모든 직원들을 '승진을 위해 아양을 떠는 직원'으로 만들기 위해?

충성에 대한 가장 큰 오해는 그것이 '상사 개인의 호불호(好不好)를 만족시키는 행위'라고 판단하는 것이다. 그러나 충성은 본질적으로 한 개인을 만족시키는 행위가 아니라 '자신의 도식적인 한계를 깨뜨린다'는 것을 의미한다. 충성하지 않는 직원, 즉 회사와 자신을 심정적으로 분리하는 사람은 자신에게 주어진 도식적인 한계를 뛰어넘지 못한다. '회사는 회사고 나는 나다. 상사는 상사고 나는 나다'라는 틀 안에서 자기 발전을 꾀하기란 무척 힘든 일이다. 이 틀 안에 갇혀 있을 때는 자신의 시각만을 고집하고 모든 것을 '이제까지 해왔던 방식'으로만 할 뿐이다. '늘 그래왔던 방식'은 창의적인 자기 발전에 결정적인 해악을 끼친다. 충성이란 자신의 방식을 버리고 상사가 가진 방식, 상사가 원하는 수준의 결과물을 내기 위해 상사의 시각이 되고 상사의 입장이 되는 일인 것이다.

나의 상사였던 송 지점장은 충성을 통해 자신의 한계를 뛰어넘는 인물이었다. 어느 날 독일 출장 중에 삼성의 임원이었던 강 상무님이 이렇게 물어본 적이 있다.

"문 그룹장, 송 지점장의 가장 큰 장점이 뭔지 아나?"

"글쎄요, 뛰어난 분석력과 추진력이 아닐까요?"

"물론 그런 것도 장점이라고 할 수 있겠지. 하지만 그보다 더 큰 장점은 바로 나의 마음을 잘 읽는다는 거야. 내가 세 개를 필요로 하면 그 마음을 읽어서 네 개까지 준비한다니까. 자네 충성이란 게 뭔지 아나? 일을 잘해내기 위해 상사의 마음을 읽고 그것을 만족시켜주는 거라네."

본질적으로 '자기 발전'이라는 것은 자신의 한정된 시각에서 벗어나 타인의 시각, 타인의 입장이 되어 장점을 끌어내 자신의 것으로 만드는 것이다. 자기 안에 발전의 동인이 고갈된다면 자신보다 더 뛰어난 사람의 마음이 되어 거기서부터 새로운 발전의 동인을 찾아내야 한다. 그런 점에서 충성이라는 것이 '개인의 호불호를 만족시켜주는 일'처럼 보이지만 실제로 진지한 의미에서의 충성은 매순간 상사의 입장이 되어 자신을 발전시키려는 뜨거운 열정이라고 할 수 있다. 단지 충성의 결과가 '상사의 만족'이라는 형태로 나타나기 때문에 충성을 '상사 개인의 호불호를 만족시키려는 행위'로 보는 착시현상이 생기는 것이다.

충성을 바라볼 때 중요한 것은 표피적인 결과가 아니다. 그 안에서 벌어지고 있는 역동적이면서 발전적인 커뮤니케이션의 과정, 그리고 윗사람을 벤치마킹해서 자신을 발전시키려는 도전의 정신이라고 할 수 있다.

스튜어디스들이 비행기 안에서
삼성직원을 알아보는 법

출장은 일종의 '원정 전투'라고 할 수 있다. 그것이 국내든 국외든 '홈그라운드'를 떠나 적진을 향해 가는 것이고 그곳에서 회사의 이익과 개인의 발전을 위해 최선의 노력을 다하게 된다. 그런데 대부분의 직장인들은 현지에서 일이 잘 마무리되면 '출장이 성공적이었다'고 생각한다. 물론 돌아오는 길에 느끼는 뿌듯함은 무엇보다 즐거운 경험이 아닐 수 없다. 그런데 문제는 그것만으로 출장이 성공적이었다고 말하기에는 좀 이르다는 것이다.

삼성이 아닌 다른 회사에서 IR과 마케팅 업무를 맡고 있을 때였다. 최 부장은 늘 직원들에게 하나의 불만을 가지고 있었다. 직원들이 중요한 외국 고객을 만나고 와서 그 내용을 제때에 보고하지 않아

답답하다는 것이다. 혼자서만 알고 제각각 일을 처리하다 보니 나중에 일이 삐걱거리기도 하고, 애초의 목표가 달성되지 못하는 경우도 적지 않다는 것이다. 그래서 최 부장은 '출장보고서' 문제를 늘 강조했지만 회사 차원에서 일이 진행되지 못하고, 또 원래부터 문화가 그렇게 굳어져 있다 보니 바꾸기가 쉽지만은 않다고 토로했다.

성공적인 출장의 마무리는 '출장보고서'다. 이는 단독적으로 행했던 전투의 성과를 모두와 공유하고 타인들에게 지원과 배려를 받아 출장에서 행해진 많은 약속과 의무를 최종적으로 완결하는 역할을 한다.

삼성에서는 이러한 출장보고서가 상당히 엄격하고 타이트하게 관리되고 있다. 이는 그 어떤 작은 성과도 놓칠 수 없다는 집요한 의지이기도 하고, 회사 차원에서 진행된 모든 일에서 깔끔하고 완벽에 가까운 결과를 만들어내려는 조직의 열정이기도 하다.

강 상무님과 함께 독일과 이탈리아, 벨기에 출장을 마치고 돌아왔을 때의 일이다. 당시 출장은 상당히 빡빡하게 진행됐다. 단 이틀 동안 세 나라를 돌며 여러 번의 회의를 진행해야 했기에 나와 강 상무님은 지칠 대로 지쳐 있었다. 그때만큼은 늘상 타던 비행기 좌석도 왠지 불편하게 느껴질 정도였다. 한국에 도착하니 오후 4시. 다른 때 같으면 다시 회사로 들어가야 했지만 그날은 강 상무님도 피곤하셨는지 오늘은 그냥 집으로 들어가자고 했다. 그렇게 이른 시간에 퇴근할 수 있다는 것은 감지덕지한 일이었다. 문제는 다음날 아침에 벌어졌다. 일단 출근 후에 그간 출장 때문에 해결하지 못했던 급한 일을 처리하고 있었다. 그때 갑자기 강 상무님이 급하게 나를 찾았다.

"문 그룹장, 출장보고서는?"

"네?"

눈앞의 상황을 좀처럼 이해할 수 없었다. 출장을 가서 거의 잠도 자지 못한 채 일하고, 돌아온 다음날 출근하자마자 갑자기 보고서를 내놓으라니……. 이해되지 않는 상황에서는 그냥 솔직히 말씀드리는 게 낫겠다 싶었다.

"오전에 좀 급한 업무부터 처리하고 출장보고서를 쓰려고 했습니다."

갑자기 강 상무님의 얼굴이 굳어지면서 따가운 질책이 이어졌다.

"문 그룹장, 이건 아니지. 출장을 가면 돌아오는 비행기에서 내리자마자 바로 출장보고서를 볼 수 있어야 해. 난 그래도 자네에게 여유를 준다고 해서 오늘 아침에야 보고서를 찾은 거 아닌가. 아직까지 출장보고서가 완성되지 않으면 어떻게 해?"

당시 삼성의 출장보고서 문화에 상당히 놀란 경험이었다. 출장보고서는 돌아오는 비행기 안에서 다 쓰고 비행기에서 내리면 보고서를 볼 수 있어야 한다……. 이는 완전한 '속도전'을 의미한다. 처음에는 이러한 문화에 대해 비인간적이라는 생각도 들었다. 회사를 위해 먼 길을 다녀오는 사람에게 너무 지나친 요구가 아닌가 싶었다. 하지만 삼성에서는 모든 면에서 '일과 업무'가 1순위에 놓여진다. 비록 개인적인 피곤함을 배려하지 못하는 부분도 있을지 모르겠지만, 어쩌면 그러한 강인함이 오늘날의 삼성을 만들어냈다고 해도 과언이 아니다. 지금의 삼성이 보여주는 '최고의 업무성과'에는 이처럼 남보다 잠을 덜 자고, 남보다 더 열심히 일하고, 더 빠르게 진행하는 배경이 담겨 있다.

프로세스의 변화를 통해 새로운 업무 결과를 창출하라

그 후에 출장보고서와 관련된 여러 이야기를 듣게 되었다. 남 차장은 언젠가 박 부사장님을 모시고 미국 출장을 간 적이 있었다고 했다. 그런데 부사장님은 '주당'으로 유명했다. 일도 잘했지만 술도 잘 드시는 분이어서 저녁이면 소주를 맥주잔에 부어서 드신다고 했다. 머나먼 타지에서 부하인 남 차장이 그런 박 부사장님과 함께 술을 먹어야 했던 것은 어쩌면 당연한 일이라고 할 수 있다. 매일 밤 소주를 몇 병씩 마셨으니 돌아오는 출장길에는 거의 녹다운되다시피 했다. 하지만 이미 삼성의 출장보고서 문화를 알고 있었던 남 차장은 그냥 잠에 들 수 없었다. 게다가 부사장님은 비행기에서 내리자마자 사장님께 바로 출장을 보고하기로 되어 있었다. 그렇게 힘든 몸을 추슬러 열심히 보고서를 쓰고 있는 박 차장에게 한 스튜어디스가 다가와 이렇게 이야기했다고 한다.

"손님, 삼성 다니시죠? 한국으로 돌아가는 비행기에서 노트북으로 작업하는 분들은 삼성에 다니시는 분들밖에 없더라고요."

삼성의 출장보고서 문화는 스튜어디스들까지 다 아는 정도가 됐다. 그렇다면 삼성은 왜 이렇게 출장보고서를 빨리 쓰라고 하는 것일까? 앞서 잠시 언급했던 일의 마무리와 완결, 그리고 다음 일을 진행하기 위한 노력의 일환이기도 하지만, 여기에는 또 다른 이유가 있다. 그것은 바로 '출장'이라고 하는 특수성에 기인하는 것이기도 하다. 특히 외국 출장의 경우 시차를 극복해야 하고, 낯선 환경을 넘나들면서 업무를 수행해야 하는 긴장감 넘치는 나날의 연속이다. 그런데 이것이 모두 끝나고 한국으로 돌아올 때는 그 긴장감이 완전히 풀리게 된다. 결국 비행기 안에서 출장보고서를 쓰라는 것은 그 현장에서의 긴장감이 완전히 풀리기 전에 생생했던 출장의 느낌과 정서, 그리고 예민한 감각을 그대로 보고서에 반영하라는 이야기다. 이를 통해 전체 조직의 판단력을 높이고 더욱 정확하게 현장의 상황에 대응하기 위한 노력의 일환이라고 할 수 있다.

스스로의 업무 습관을 업그레이드하는 가장 좋은 방법 중의 하나는 '익숙한 것들과의 결별'이다. 출장보고서 하나만 해도 이렇게 프로세스를 바꾸게 되면 기존과는 전혀 다른 새로운 업무결과를 가져오게 된다. 출장의 긴장감을 모두 풀고 여유 있게 보고서를 쓰는 것이 좀 더 효율적이라고 생각할 수도 있다. 그러나 여기에는 분명 단점도 있다. 시간이 흐른 뒤 다시 과거를 추억하며 쓴 보고서에는 이미 많은 것들이 희미해져 제대로 기록되었다고 보기 어렵다. 심지어 '어? 그때 어떤 생각을 하고, 어떤 대화를 나눴더라?' 하고 멍해질 때도 있다.

'관리의 삼성'이라는 말이 있다. 이는 전반적인 조직관리에도 적용이 되는 말이겠지만 출장을 다녀오는 한 조직원의 긴장감과 조직의 판단력 간의 미세한 괴리를 줄이는 데도 이 '관리'가 개입된다는 이야기다.

출장보고서 작성 요령

출장보고서의 기본적인 샘플을 통해 구체적인 작성 요령을 알아보자. 우선 기본적으로는 행사명, 출장 참여자, 장소, 일시 등이 들어간다. 그 다음으로 실제로 출장에서 고객과 미팅했던 내용이 들어가게 된다. 어떤 주요 고객을 만나서 어떤 성과를 거두었고 시장이나 경쟁자와 관련하여 얻은 정보가 어떤 것인지에 대한 내용을 첨부하면 더욱 도움이 된다. 그 외에 참고할 사항이 있다면 '기타'라는 항목을 만들어서 내용을 정리하면 된다. 그리고 맨 마지막으로 느낀 점 및 팔로업(follow up)이 필요한 사항을 정리하면 된다.

'09 Intermold 전시회 참가 보고서

2009. 04. 12
기획실

1 참가자   ○○○ 전무, ○○○ 공장장

2 장소/일시   Big Sight 전시장(동경, 일본) / 4.7~4.12

3 주요 고객 미팅 내용

□ 비즈니스 가능 업체 미팅(전시장 및 Technical issue 등은 공장장 별도 보고 위계)

 – Fabest(Mr. Sato, 4/11, Ogihara 등에 이은 2nd tier/엄격한 품질 관리로 최근 수주량 多)

 · 당사 품질 수준 문의 (당사는 미국 업체 것도 진행하고 있으며 품질 guarantee 대답)

 → 비즈니스 가능성 있으면 당사 방문 및 일본 현지 방문도 가능하다고 함 (향후 비즈니스 가능성 지속 F-U 위계)

(중간 내용 삭제)

4 기타업체 미팅 및 느낀 점(참가업체 등 Benchmark 실시)

□ 팔릴 수 있는 제품, 경쟁력 있는 기술력 및 전략 확보(금형, 제품 공히)

 – 최신 제품(seat pan, 라디에이터 관련 제품) 전시

 · 금형 제품 중에서도 기술력이 있는 제품으로 수주 성공

5 Action Item

 – Fabest 등 비즈니스 수주 가능 업체 및 네트워킹 가능업체 f-u

 – 나고야, 유로몰드, SAE(디트로이트 전시회 등) 사전 확인 및 신청

유형별 임원 대응법을 알면 임원만큼 업그레이드된다

삼성에서 2~3년차 정도가 되면 그때부터는 이제 슬슬 임원들과 직접적인 대면을 하기도 하고 출장을 위한 수행도 할 단계다. 따라서 이제부터는 이 부분에 대해서 집중적으로 이야기해볼까 한다. 임원들과 대면한다는 것은 분명 편한 일은 아니지만, 이 과정은 자신을 업그레이드할 수 있는 좋은 기회가 된다.

사실 부하들이 가장 좋아하는 임원은 '쉬운 임원'이다. 성격도 까칠하지 않고 아랫사람들을 세심하게 배려할 뿐만 아니라 뭔가 부족한 것이 있다면 끊임없이 채워주려고 노력하는 임원이다. 하지만 실제로 '쉬운 임원'은 상상에서만 만날 수 있는 임원이라고 생각하면 된다. 다른 회사도 마찬가지겠지만 삼성의 경우 "임원이 된 사람 중에 쉬운 사람은 단 한 명도 없다"는 말이 있다. 조금만 생각해보면 그리 어려운 이야기도 아니다. 임원이 된다는 것도 혹독한 경쟁률을 뚫어야 가능한 일이다. 수백 대 일의 경쟁률을 뚫어내야 '회사의 별'이라고 할 수 있는 임원이 될 수 있다. 과연 그런 사람들이 그리 호락호락하게 일을 해왔을까? 어떻게 보면 매 순간 최고의 성과를 내야 하는 그 막중한 책임감을 어깨에 짊어진 그들이 까칠하지 않다면 그것이 오히려 이상할 정도다.

부하들을 세심하게 배려할 수 없는 것도 마찬가지다. 하지만 부하들은 그러한 높은 기대수준에 맞춰야 하는 것은 당연한 일이기도 하다. 회사는 지극히 냉정한 곳이기 때문에 몇 번 일을 시켜보고 개선의 여지가 없다면 '쟤는 안 되는 애'라고 판단해버리기 일쑤다. 결국 부하들은 이런 임원들을 위해 절대적으로 그 스타일에 맞는 일의 방식을 선택해야 한다. 그런 점에서 임원들에 대한 유형별 분석은 반드시 필요한 부분이기도 하다.

내가 근무했던 PDP 사업부는 삼성그룹 내에서도 쟁쟁하다는 사람들의 집합소라고 해도 과언이 아니었다. 워낙 경쟁이 치열하다 보니 소위 '한가닥 한다'는 임원들이 대부분이었다. 임원들은 그 성격에 따라 여러 유형으로 분류할 수 있지만 대체로 다음 몇 가지로 나뉜다. 때로는 몇 가지 경우가 조합되는 경우도 있다.

우선 '월화수목금금금' 스타일이 있다. 한마디로 주말이 없는 공격적인 일 진행방식을 보여주는 이들이다. 직접 모시지는 않았지만 주변 사람들이 혀를 내둘렀던 상사 중에 노 부사장님이 계셨다. 그분에게 휴일이란 '사치'에 불과했다. 노 부사장님이 수년간 삼성에서 근무를 하시면서 휴일에 회사에 나오지 않은 날은 딱 이틀뿐이었다고 한다. 그처럼 강철 같은 체력으로 매일매일 일을 추진해나가시는 노 부사장님을 두고 일본의 한 거래처에서도 "대단하다"는 말을 아끼지 않았다. 하지만 부하직원들이 휴일에도 일하는 노 부사장님의 스타일을 맞추기 위해 무척 고생했던 것은 말할 것도 없다.

삼성전자의 한 사업군 사장으로 일하시다가 다른 계열사로 옮기신 남 사장님도 마찬가지의 스타일이었다. 사장 취임 후 부산에 새로 생긴 라인을 조속히 정상화시켜야 한다는 목표 아래 월요일부터 목요일까지는 천안에서 근무하고 금요일부터 일요일까지는 부산에서 근무하기를 반복하셨다.

이런 임원 밑에서는 어느 정도 주말을 희생할 각오를 할 수밖에 없다. 특히 임원이 직접 챙기는 분야의 부서장 같은 경우는 단단히 마음 먹어야 한다. 그러나 이런 분들을 모실 때에는 단지 주말을 희생하는 것만이 전부는 아니다. 주말에 임원이 원할 수 있는 내용을 주중에 미리 챙겨놓아야 한다는 것이다. 특히 주말은 다른 부서 사람들과 업무협조가 이뤄질 수 없기 때문에 미리미리 챙겨놓지 않으면 낭패를 당할 수도 있다. 임원은 주말에 일이 진행되지 않으니 짜증이 나게 마련이고, 담당자는 그것을 해결하지 못하니 곤경에 처하게 된다.

현상의 본질을 꿰뚫기 위해 끊임없이 공부하라

두 번째 스타일은 상황 변화에 대해 끊임없이 질문하는 임원들이다. 진 상무님은 영업과 마케팅에 잔뼈가 굵은 분이었다. 그러다 보니 현상의 본질과 트렌드의 변화에 대해 끊임없이 "why"라는 질문을 던졌다. 대체로 한 가지 이슈가 생기면 집요하게 질문을 던지곤 했다. 예를 들어 미국 시장에서 파나소닉 TV의 시장 점유율이 떨어졌다고 한다면 다음과 같은 질문들이 연타로 날아온다.

"그럼, 파나소닉 TV의 점유율을 왜 떨어졌습니까?"

"왜 삼성 TV의 시장점유율은 변화가 없는 거죠?"

"왜 파나소닉은 그에 대한 대책을 안 내놓고 있는 거죠?"

"그에 대한 삼성의 대책은 또 뭡니까?"

한 가지 한 가지 질문들이 모두 무겁고 심도 있는 내용들이다. 그저 피상적인 현상만 알아서는 결코 대답할 수 없는 문제일 뿐만 아니라 현상의 본질들을 꿰뚫고 있어야 제대로 된 답을 할 수 있다. 이런 임원들을 모시기 위해서는 끊임없이 공부하는 자세가 필요하다. 언제든 그 배경과 변화의 요인에 대해서 파악하고 문제점과 해결책을 정확히 제시할 수 있어야 한다. 만약 임원의 질문에 제대로 대답하지 못할 경우에는 '일에 관심 없는 사람'으로 낙인찍히기 쉽다.

'빨리 빨리형'도 있다. 대표적인 분이 바로 강 상무님이었다. 명문대를 졸업한 후 미국에서 박사학위를 취득한 강 상무님은 젊은 나이에 삼성으로 스카우트된 분이었다. 그만큼 능력도 출중하고 머리회전도 빨랐다. 그분의 요구나 기대에 맞춘다는 것은 쉬운 일이 아니었다. 순발력이 대단했기 때문에 그 순발력을 받쳐주기 위해서는 무엇이든 미리미리 준비해야 했다. 오늘 고객과의 미팅이 있다면 갑자기 "저번에 고객사에게 준 선물이 뭐냐"고 물으신다. 만약 자료가 준비되어 있지 않다면 급조해야 하는 상황에 봉착하기도 한다. 미팅 하루 전에 고객사에 관한 총괄적인 정보를 준비해야 하는 것은 물론이다. 모든 상황을 총체적으로 파악하고 있어야 하며 어떤 요구에도 대응할 수 있는 준비를 해놓아야 하는 것이다. 이런 분들 밑에서는 순발력을 배울 수 있어서 좋다. 일이라는 것이 끊임없는 돌발변수와의 싸움이라고 한다면, 이러한 순발력은 그 변수들을 장악하고 제어해나가기에 딱 좋은 능력이기 때문이다.

사실 각각의 임원들을 보좌하는 것은 곧 가장 가까이에서 그 임원의 모든 스타일과 능력을 직접 벤치마킹하는 기회라고 할 수 있다. 비록 '월화수목금금금'이든, 'why'이든 '빨리빨리'든, 직접 모시고 부딪히고 깨지는 과정에서 자신의 업무능력이 업그레이드되는 것을 체감할 수 있을 것이다. 그래서 이런 기회가 주어진다면 그 기회만으로도 감사해야 한다. 비록 당장 칭찬을 받지 못한다 할지라도.

공적인 면과 사적인 면에 있어서의
임원 수행의 정석

해외 비즈니스를 위해 임원을 수행하는 출장은 약이 될 수 있지만, 때로는 정반대로 독이 될 수도 있다. 잘하면 좋은 인상을 남기지만 못하면 '허술하다', 혹은 '일을 제대로 처리하지 못한다'는 인상을 남길 수 있기 때문이다. 또 실제 아랫사람과 출장을 많이 다녀본 임원의 경우 아래 사원의 발걸음만 봐도 진심으로 준비를 했는지, 아니면 흉내만 내고 있는지를 금세 알아차릴 수 있다. 임원 수행은 두 가지 차원에서 준비되어야 한다. 첫 번째는 공식적인 일의 부분에서, 두 번째는 사적인 일의 부분에서 준비되어야 한다.

우선 업무적인 면에서는 임원이 출장 시간을 최대한 줄일 수 있도록 동선을 짜야 한다. 전시회를 둘러본다든지, 거래사와 미팅을 한다든지 하는 모든 일정을 최적화된 동선에 맞춰서 코스화해야 한다. 승용차가 없다면 렌터카를 준비하고 현지의 교통상황까지 염두에 두며 세세하면서도 철저한 준비를 해야 하는 것이다. 중요한 장소의 경우 미리 사전답사를 하는 일도 필요하다. 그런데 이런 일을 많이 하다 보면 일종의 '직업병'이 생기기도 한다. 가족들과 휴가를 가는 데 있어서도 첫날 현지에 도착에서 미리 혼자서 전부 상황을 파악하면서 돌아다니는 것이다. 어쨌든 누군가와 함께 동행을 하고, 그 사람이 최대한 즐겁고 편하게 시간을 보내게 하기 위해서는 나름대로 철저한 준비가 필요하다.

또한 임원 수행 시, 미팅에 있어서 임원이 관련 업무 내용을 완전히 파악할 수 있도록 관련 자료와 이슈에 대한 방안, 그리고 새로운 전략을 동시에 준비하는 일도 반드시 필요하다. 때로는 관련 비즈니스의 세계 동향이나 주변국의 동향까지도 함께 파악해야 할 필요가 있다. 또 전체 시장 동향도 무척 중요한 부분임에 틀림없다. 시장에서 우리 회사의 현재 위치, 기술적 전망, 그리고 경쟁자들의 비즈니스까지 모두 파악해 보고해야 한다.

그런데 이것이 너무 철저하게 되다 보니 심지어 보고서의 폰트까지도 임원이 선호하는 것으로 통일하는 경우도 있다. 한번은 부사장님이 해외에 나가셨을 때의 일이다. 부사장님이 '훈민정음체'라는 폰트를 좋아하신다는 정보가 돌아서 부사장님에게 보고되는 모든 문서는 훈민정음으로 통일된 일까지 있었다. 누군가가 시키지도 않은 일이었음에도 모든 실무자들이 알아서 폰트까지 바꾼 것이다.

이러한 것을 두고 '너무 사소한 것까지 신경 쓸 필요가 있느냐'라고 생각할 수도 있다. 그런데 생각을 바꿔보면 이는 단순히 임원에게 '잘 보이기' 위한 것만은 아니다. 임원은 해당 사업을 총괄하는 전투 지휘관이자 업무의 전체 책임자다. 임원의 결정에 따라 비즈니스의 판도가 바뀌고 그의 판단이 전체 사업의 방향에 적지 않은 영향을 미칠 수밖에 없다. 따라서 임원 수행은 모든 면에서 철저하게 노력을 기울여야 하는 것이 정답이다. 모든 임원의 필요에 대처하고 신경을 써야 한다. 이는 임원의 '개인적인 필요'에도 연결된다고 할 수 있다. 이는 앞서 말한 두 번째 부분, 즉 '사적인 면'에 관한 것이다.

사소한 배려와 노력이 커다란 차이를 만든다

미국 라스베이거스에서 임원을 수행할 때 생겼던 한 가지 에피소드가 있다. 부사장님은 본격적인 일정 첫날에 호텔 근처에서 조식을 하신 후 미팅을 했고 그 미팅은 중식시간까지 계속되었다. 미팅이 끝나고 손님을 배웅하고 나자 곧 부사장님이 물었다.

"혹시 치약하고 칫솔 있나?"

전혀 예상하지 못한 질문이었다. 우선 급하게나마 함께 있던 또 다른 상급자가 호텔에 가서 치약과 칫솔을 가져왔다. 알고 봤더니 부사장님은 식사 후에 반드시 칫솔질을 하는 습관을 가지고 있었던 것이다. 다음날은 외부 인사 없이 삼성 관계자들끼리만 중식을 했다. 식사 후에 마찬가지로 부사장님은 치약과 칫솔을 찾았다. 그 자리에는 약 10명 정도의 직원들이 함께하고 있었다. 부사장님의 말씀이 떨어지자마자 세 명의 임원이 모두 각자 치약과 칫솔을 꺼내는 것이 아닌가. 물론 나 역시 똑같이 준비했었지만 직급 때문에 굳이 꺼내지는 않았다. 아마도 나 말고도 또 그것을 준비한 간부들이 분명 있었을 것이다.

작지만 사소한 배려와 필요를 그때그때 충족시키려는 노력의 일환이라고 할 수 있겠다. 사실 개인적인 취향이라는 것이 워낙 사소해보이지만, 한편으로는 한 사람의 기분에 적지 않은 영향을 미친다. 이것이 제대로 만족되지 않고 업무에 몰입하기는 힘들다. 별게 아닌 것처럼 보이는 작은 것들이 큰 결정에 영향을 미치는 일이 현실에서는 종종 일어나고 있다.

고객에 대한 접대와 선물이
업무를 '예술'로 만든다

이번에는 고객에 대한 접대 부분을 알아보자. 고객과의 미팅에서는 좋은 음식점과 술집을 알고 있는 게 큰 도움이 된다. 사실 비즈니스 자리라는 것은 무척 딱딱하고 '합리적인 이성'과 '논리적인 계산'이 이루어지는 곳이다. 그러다 보니 늘 그 자리에 참석하는 사람들은 피곤함을 감추지 못하고 때로는 눈에 보이지 않는 스트레스를 받기도 한다. 또 때로는 서로간의 논쟁이 날카로워져서 합의점을 찾지 못할 때도 있다. 그럴 때는 '비즈니스 이외의 것'으로 비즈니스에 영향을 줄 수 있는 방법을 찾아봐야 한다. 어차피 사람이 하는 일이고, 그 사람의 일이란 것은 때로 기분에 의해 좌우되기도 한다. 맛있는 음식, 기분 좋은 술자리가 그것에 영향을 미치기도 하는 것이 사실이기 때문이다. 따라서 상대방에게 최대한 정성스럽게 대하는 모습을 보여주고 그들을 위해 헌신적으로 발품을 팔았다는 모습을 보여준다면 분명 비즈니스에도 도움이 될 것이다.

삼성에서 모셨던 'S급 인재' 오 상무님은 "손님에게는 늘 좋은 음식을 대접해야 한다"고 여러 번 강조했다. 특히 논리적이고 깔끔한 비즈니스를 원하는 해외고객일수록 더욱 음식과 술자리에 신경을 써야 한다고 했다. 유수의 업체 임원들이 올 때마다 오 상무님은 고객의 취향에 맞는 음식점을 예약할 것을 주문하셨다. 예를 들어 터키에서 사장님이 오시면 양고기와 스파게티가 유명한 남산의 ○○○ 음식점을, 이탈리아에서 중요한 손님이 오실 때면 강남의 유명한 이탈리아 음식점을 예약하곤 했다. 그리고 손님의 취향에 맞게 포도주까지 미리 직접 꼼꼼하게 챙기는 모습을 보여주었다.

그런데 이렇게 손님 접대라는 것이 꼭 비싼 음식점에서만 이뤄진다고 생각할 필요는 없다. 때로는 소주잔을 부딪치며 분위기를 돋워야 할 때도 있는 것이다. 유럽 회사에서 일하는 토머스는 키가 175cm에 몸무게가 90kg이 넘는 거구에다 호탕한 성격의 소유자였다. 당시 삼성 제품의 품질에 관련된 업무를 담당하고 있었기 때문에 삼성에게는 매우 중요한 사람이었다. 그런데 당시 토머스가 삼성을 찾았을 때는 고객에게 수출한 PDP 패널에 약간의 문제가 있을 때였다. 실무 회의를 통해서 문제에 대한 개선책을 제시하고 향후 최상의 품질을 약속하면서 일단 급한 불은 끈 상태였지만, 회의가 끝난 후에도 그의 기분은 풀리지 않았다. 결국 우리들은 소주에

갈비를 먹으며 서먹서먹한 분위기를 풀기 위해 "위하여!"를 외치기도 했고 한국의 369게임을 알려주면서 화기애애한 분위기를 만들었다. 그도 기분이 다소 좋아졌는지 어느 정도 누그러진 모습을 보여주었다. 그 후 노래방으로 이동해 노래를 부르면서 맥주를 먹자 그간의 앙금이 싹 풀렸는지 얼굴이 한결 밝아졌으며 다음날 아침에는 언제 기분 나쁜 일이 있었냐는 듯 전날과는 전혀 다른 분위기였다. 역시 비즈니스란 쉽지 않은 것이며, 때로는 비즈니스 외의 것들이 비즈니스에 적지 않은 영향을 미친다는 사실을 새삼 깨달았던 경험이었다.

감동을 주는 인간적인 비즈니스의 팁, 선물

고객에 대하는 데 있어서는 '선물' 역시 무척 중요하면서 예민한 부분의 하나다. 자칫 선물이 '뇌물'이 될 수도 있고, 지나치게 자주 줬다가는 괜한 기대감만 주어 오히려 업무에 방해가 될 때도 있다. 또 별로 의미 없는 선물을 주었을 때는 주지 않은 것만 못한 것이 되기도 한다. 하지만 시기적절하고 적당한 가격의 선물을 주게 되면 당사자의 기분도 좋고 회사의 이미지도 개선할 수 있으니 '선물을 고르는 노하우' 역시 직장인에게 반드시 필요한 능력 가운데 하나다.

고객에게 선물했던 것 중에서 담당 임원에게 칭찬을 받았던 경우가 두 번 정도 있었다. 두 번 다 유럽고객에게 준 선물이었다. 첫 번째의 경우는 2006년 독일 월드컵 당시였다. 비즈니스 미팅 후 함께 직접 경기장에 가서 월드컵을 관람하는 일정이었다. 그때 제출됐던 선물 아이디어는 선글라스, MP3, 성능 좋고 크지 않은 망원경이었다. 예상할 수 있듯이 망원경이 선물로 채택되어 좋은 반응을 얻었다. 월드컵 경기를 관람하는 데 있어서 무엇보다 좋은 것이 망원경이었기 때문이다.

두 번째는 돼지해가 시작됐던 2007년 연초의 정규 비즈니스 미팅을 할 때였다. 그때만 해도 웬만한 건 다 선물을 해서 고참이나 신입사원이나 선물에 대한 아이디어가 고갈되었을 때였다. 그때 불현듯 떠오른 생각이 다름 아닌 '돼지 모양의 순금 핸드폰줄'이었다. 유일한 안으로 임원에게 보고하고, 곧바로 채택되어 그날 저녁 종로 금은방을 뒤져 여섯 개를 장만했다. 미팅을 마친 뒤 선물을 주면서 그럴 듯한 설명도 곁들였다.

"한국에서 돼지는 돈을 상징합니다. 이 돼지 순금 핸드폰줄을 걸고 다니면 여러분들도 이 돼지의 힘을 받아 비즈니스에 성공하고 돈도 많이 벌게 될 것입니다."

이 설명을 들은 임원들은 무척이나 좋아했고 미팅 후의 분위기도 한층 좋아졌다.

'성공하는 선물하기'를 위해서는 다음의 몇 가지를 염두에 두어야 한다. 우선 '시기'를 감안해야 한다. 계절적인 요인을 무시할 수 없고, 월드컵 등과 같은 특정 시기의 이벤트도 빼놓을 수 없다. 이렇게 시기를 잘 감안하면 인상에 남는 선물을 위한 아이디어를 떠올릴 수 있을 것이다.

상대방에게 중요한 시기를 기념하는 것도 방법이다. 상대의 결혼 기념일, 혹은 생일 등이 다가올 시기라면 이를 감안한 선물을 준비하는 식이다. 또한 구체적인 상대의 취향도 반드시 고려되어야 한다. 좋아하는 술, 향수, 브랜드 등을 미리 알고 있으면 선물을 준비하는 데 있어서 큰 도움이 된다.

과거에 어떤 선물을 어느 정도의 가격대로 주었는지도 기록해놓고 참고해야 한다. 엇비슷한 종류의 선물을 주면 정성이 없는 것처럼 보인다. 가격대도 어느 정도 차별화하면서 선물을 골라야 한다. 과거에 다소 비싼 것을 줬다면 이번에는 다소 저렴한 가격의 선물을 하면서 템포를 조절하는 것도 방법이다.

또 상대 회사의 선물에 대한 기준도 반드시 알고 있어야 한다. 예를 들어 유럽 A사의 경우 거래 회사로부터 200달러 이상의 선물은 받지 못하도록 되어 있다. 만약 이것을 모른 채 값비싼 선물을 준비했다면 상대방이 곤란할 수밖에 없다. 선물을 받으려니 회사의 규정을 어기는 것이 되고, 선물을 안 받자니 상대방을 무시하는 것이 되기 때문이다. 또 한 가지 팁이 있다면 당사자에 대한 선물도 좋지만 그 배우자나 자녀들에 대한 선물도 무척 유용하다.

손님 접대와 선물 잘하는 것도 직장인의 능력이냐고 반문할 필요는 없다. 그것이야말로 딱딱하고 때로는 비인간적일 수도 있는 비즈니스를 '감동을 주는 인간적 예술'로 바꿔주는 중요한 팁의 하나이기 때문이다.

상석은 어디인가?

의외로 '비즈니스 매너'에 대해 잘 모르는 직장인들이 많다. 남자의 경우 상당수 군대를 다녀왔기 때문에 '윗사람-아랫사람'에 대한 구분과 이 사이에서의 예절에 대해서 대체로 잘 알고 있다. 하지만 그것이 '비즈니스 매너'라는 차원으로 갔을 때는 이야기가 달라진다. 이번에는 '자리'와 관련된 비즈니스 매너를 알아보자.

• 일반적인 승용차에 기사를 포함해 4명이 탑승할 때

가장 상석은 뒷좌석의 오른쪽이다. 그 다음 상석이 바로 옆의 뒷좌석의 왼쪽이다. 그리고 조수석이 가장 마지막 자리다. 때문에 두 명 이상의 윗분을 모시고 수행하는 사람이라면 제일 앞자리에 앉는 것이 좋다.

• 일반적인 승용차에 기사를 포함해 5명이 탑승할 때

이때에도 상석의 순서는 똑같다. 하지만 한 명이 더 타는 경우이기 때문에 가장 말석은 뒷자석의 중간 자리이다.

• 상사가 운전하는 승용차의 경우

상사가 운전할 때에는 상사의 바로 옆자리가 제일 상석이 된다. 따라서 이때에 직급이 낮으면 뒷자리에 타야 하며, 뒷자리에 두 명이 탈 때도 마찬가지로 오른쪽이 상석, 왼쪽이 그보다 낮은 자리라고 보면 된다.

• Jeep이나 SUV를 탈 때

특이하게도 이때에는 조수석이 가장 상석이 된다.

• 회의자리

회의를 할 때에는 문을 기준으로 상석을 정하면 된다. 그러니까 회의를 주관하는 쪽이나 직급이 낮은 사람이 최대한 문 가까이에 앉게 되고 상급자나 상대 회사 사람이 문을 바라보며 문의 반대편에 앉으면 된다.

• 식당에서

이때에도 직급이 낮은 사람이 최대한 문 가까이에 앉게 된다. 필요한 것을 수시로 서빙할 수 있기 때문이다. 식당 예약을 할 때는 예약자 본인의 이름으로 하는 경우가 종종 있지만 대개 모임 자리의 최상급자의 이름으로 예약을 해야한다.

삼성 2년차

일이 많아지면서 힘을 얻어나가는 전사로 변하기 시작하다!

■ 업무 숙달의 상태

2년차가 되면 기본적인 품의서는 거의 다 써봤을 가능성이 높고 업무와 관련해서 가만히 듣고만 있는 것이 아니라 문제가 발생했을 때는 의문을 제기할 수 있는 정도가 된다. 가장 대표적으로는 "이건 이렇게 하면 안 되는 것 아닌가요?" 정도의 말을 할 수 있다. 또한 이 시기부터 서서히 일이 많아지기 시작하기 때문에 만약 입사 후 6개월 안에 퇴사하지 않았다면 2년차가 끝나가는 시기에 또 한 번 퇴사에 대한 유혹이 있을 수 있다. 특히 퇴근시간이 늦어지고 업무량이 늘어나게 되면 '과연 이렇게 해서라도 계속 일해야 하나?'라는 고민을 본격적으로 하기 시작하는 시기이기도 하다.

■ 2년차 때 배우게 되는 일들

해외 업무가 있는 경우라면 보통 2년차 때부터 서서히 해외 관련 업무를 맡게 된다. 그렇지 않은 경우에는 이제 자신만의 특기를 가지고 특정 업무에 집중하게 되는 시기가 바로 이때다. 3년차가 자신의 스펙으로 업무를 '확장'해나가는 시기라면, 2년차에는 일단 전문 분야로 파고드는 과정을 거쳐야 한다.

또 이때에는 회사의 전략이나 고객대응용 자료를 본격적으로 만들게 된다. 1년차 때에는 상사의 심부름만 했다면 2년차부터는 자신이 일단 초안을 한번 만들어볼 수 있는 기회가 주어진다는 이야기다. 또한 타 부서와의 협조에서 '담당자'의 역할을 맡기도 한다.

물론 최종 결정들은 모두 상사가 하겠지만 이때는 자신의 의견도 말하고, 따라서 회사 내 역학관계에 따라서 약간의 '힘'을 조금씩 발휘하는 시기이기도 하다.

■ **2년차 때 반드시 배우고 넘어가야 할 업무 스킬**

– 공장이나 타 부서와의 문제를 다룰 수 있는 협상력

– 최소한 자신이 맡은 일에 한해서는 '잘한다'는 이야기를 들을 수 있는 전문성

– 1년차에 비해 다소 깊이 있는 전략회의 자료와 상사의 의중까지 파악할 수 있는 업무에 대한 이해력

■ **2년차 때 숙달해야 하는 양식**

– 전략회의 등 주요 회의자료 작성 능력

– 사장, 임원 및 주요 인사에게 보고하는 자료 작성 능력

– 출장보고서와 교육보고서

3장

완벽주의와
승리에 대한
들끓는 애착

자세의 기본과 탄탄한 업무력을 익혔으면 이제부터는 '진정한 프로'가 될 차례다. 그것은 '완벽주의', 그리고 '승리'라는 말로 상징된다. 그러나 이는 단지 주어진 업무만 무리 없이 해내는 것만을 의미하지 않는다. 일을 넘어서 인간적인 매력을 갖추는 것, 치열한 협상 테이블에서 승리를 이끌어내는 것, 그리고 매 시기 주어지는 업무의 이슈를 장악하면서 리더십까지 갖춘다는 것을 의미한다. 여기에 압도적인 강점으로 부하들을 이끌어나가는 것도 중요한 부분의 하나다. 이제 업무적인 영역에서의 마지막 스텝, 어드밴스를 향해 달려가보자.

인간적인 매력을 갖추어야
진정한 프로다

많은 사람들이 업무에 있어서 '프로'를 강조한다. 그런데 이 '프로'라는 말을 들으면 왠지 냉철하고 철저한 이미지가 떠오르는 한편, '자신만의 고집'이라는 뉘앙스도 함께 떠오른다. 과연 실제 업무에 있어서 진정한 프로가 된다는 것은 어떤 의미일까?

결론부터 말해보자면 진짜 프로는 매력적이고 호감 가며 부드러운 사람이다. 어떻게 보면 이러한 감성들은 업무와 상관이 없어 보일지 모르지만, 실제 내밀한 이면의 법칙에서는 심층적으로 연관이 되어 있는 것은 물론이고 실제 업무에 있어서도 상당한 역량을 발휘하게 된다.

해외고객과 관련된 업무를 많이 하다 보니 이른바 '현채인(현지 채용 인원'들과 함께 일하는 경우가 많다. 그 중의 한 명이 바로 유 과장이었다. 그는 다른 전자 제품 회사에서 10여 년간 해외 영업 일을 해왔을 뿐만 아니라 미국에 유학을 가서 대학원까지 다녔기 때문에 무역이나 비즈니스 실무에 대해서 누구보다 잘 알고 있었다. 그는 가족과 함께 미국에서 살기 원했기 때문에 한국으로 돌아오지 않았고, 결국 삼성과 연이 닿아 미국 법인의 현채인으로 고용됐다. 그는 일을 꽤 잘하는 편해 속했다. 수출입 업무는 물론이고 고객이 입금을 늦게 할 경우에도 일일이 전화를 해서 챙기는 모습까지 보여주었다. 특히 입금 문제까지 꼼꼼하게 신경 쓰는 것은 본사 입장에서는 상당히 고마운 일이기도 했다.

그런데 그와 일할 때 한 가지 문제점이 있었다. 바로 지나치게 '미국식 스타일'을 고집한다는 점이었다. 한국에서 미국에 있는 사람과 일하다 보면 시차 때문에 사소하지만 신경 쓰이는 문제들이 발생하는 건 사실이다. 한국의 오전은 미국의 오후가 된다. 그래서 아주 이른 아침부터 미국과 통화를 하면서 일을 처리해나가지만 만약 한국에서 아침 회의라도 길어지게 되는 날이면 거의 점심 시간이 다 되어서야 미국에 전화하게 된다. 그러면 미국은 오후 6시를 넘는 경우가 흔하다. 그런데 유 과장은 이러한 일을 두고 "업무 시간이 아닌데 전화를 한다"며 지나치게 화를 내고 짜증을 부리는 것이었다. 다른 부서원들도 그런 유 과장을 불편해했고 함께 일하기 힘들다고 호소하기도 했다. 사실 그의 행동은 이해하기가 좀처럼 쉽지 않았다. 실제 미국 본토에서 태어나고 자라난 미국 사람들, 혹은 미국에서 오래 살았던 한국 교포들도 늦은 시간에 다급한 목소리로 전화를 하면 얼마든지 상대방의 사정을 이해해서 일을 처리해주곤 하는데, 한국에서 생활하다 미국으로 유학을 간 사람이 그렇게 나오니 보통 답답한 노릇이 아니었다. 상황이 심각해져 결국 유 과장과 목소리를 높이며 이 문제에 대해서 이야기를 해봤지만 도저히 개선의 여지가 보이지 않았다.

그러던 중 미국 법인의 조직개편이 이뤄져서 우리 팀은 유 과장과 더 이상 일하지 않게 됐다. 우리와 새롭게 일을 하게 된 홍 과장은 다섯 살 때 미국으로 가서 미국에서 교육을 받고 비즈니스를 하던 사람이었다. 그는 "좀 더 큰 무대에서 일을 해보고 싶다"며 삼성에 지원해 현채인이 되었다. 그런데 그가 보여준 스타일은 유 과장과는 전혀 달랐다. 그는 자신이 어렸을 때 레슬링을 배워 싸움도 잘한다며 너스레를 떠는가 하면 예전보다 버는 돈이 적다면서도 결코 쪼잔하게 행동하지 않는 호탕한 모습도 보여주었다. 더군다나 새벽 6시든 밤 10시든 언제든 우리 팀에서 연락하면 필요한 것을 바로 바로 지원해주는 모습을 보여주었다. 팀원들 모두 그를 좋아하게 된 것은 너무도 당연한 일이었다. 그는 우리의 직접적인 사업 영역인 PDP뿐만 아니라 배터리 사업 분야에서도 좋은 성과를 낼 정도로 탁월한 능력을 보여주기도 했다.

그런 그가 한국에 나왔을 때 또 다른 모습을 보여주었다. 그간의 업무 협조가 고마워 밥도 사주고 술도 사주면서 나이트클럽에 한번 데려간 적이 있었다. 그런데 그곳에 가기 전에 그는 "여자들이 나를 너무 좋아 한다"는 이야기를 꺼냈다. 사실 외모만 보면 여자들이 그리 좋아할 만한 스타일은 아니었다. 그렇다고 비싼 것만 걸치고 다니는 명품족도 아니었고, 굳이 비교하자면 체격이 떡 벌어진 이대근 스타일이었다고나 할까. 그의 이야기를 들은 팀원들은 내심 '에이, 그럴 리가 있나' 하고 생각했다. 그런데 실제 나이트에 가보니 놀라운 일이 발생했다. 들어간 후 채 10분도 되지 않아 웨이터가 우리 쪽으로 오더니 한 여성이 그와 함께 술을 마시고 싶다는 의사를 전달했던 것이다. 그러나 그는 우리 팀과 떨어지게 되는 것이 싫다며 일단 거절했다. 그런데 조금 있다가 또 다른 웨이터가 오더니 이번에는 또 다른 여성이 그와 함께하고 싶어한다는 말을 전했다. 그 광경을 직접 눈앞에서 본 우리들은 믿을 수 없었다.

반면에 우리 팀의 그 누구에게도 웨이터가 다가오지는 않았다. 도대체 이 상황을 어떻게 해석해야 할 것인가? 나중에 그에게 물어보니 그는 나이트클럽에서 어떤 복장, 어떤 표정, 어떤 행동을 해야 여자들이 좋아하는지를 누구보다 잘 알고 있었던 것이다.

그의 그런 모습을 보면서 한 가지 떠오르는 생각이 있었다. 바로 그가 나이트클럽에서 보여준 방식과 우리와 일할 때의 방식이 거의 유사했다는 점이다. 그는 어떻게 해야 여자들이 자신에게 접근하는지 알고 있는 것처럼, 어떻게 해야 업무 관계에 있어서도 상대방이 만족하고 그것을 통해서 서로가 윈윈할 수 있는지를 알고 있었던 것이다.

일에 가려진 인간의 모습에 주목하라

유 과장과 홍 과장, 과연 누가 더 프로일까? 업무 시간 이외에 전화한다고 냉정하게 화를 내는 유 과장일까? 아니면 털털한 인간적 매력을 지녔을 뿐만 아니라 어떤 시간에도 불문하고 팀원의 필요를 충족시켜주는 홍 과장일까?

물론 유 과장도 업무를 능수능란하게 해냈기 때문에 나름 '프로'라고 볼 수도 있고, 이는 홍 과장도 마찬가지다. 하지만 팀원들을 아우르고 그 과정에서 일을 호쾌하고 신나게 끝낼 줄 아는 사람이 진정한 프로의식을 가진 사람이다. 결과도 중요하지만 과정 역시 무엇보다 중요하고, 그 과정이 어떻게 진행되느냐에 따라 일의 결과도 달라질 수 있다는 점에서는 홍 과장의 방식이 훨씬 우월하다고 볼 수 있다.

인간적인 매력과 업무는 크게 상관 없어 보이지만 실제 심리적으로 상당한 영향을 끼친다. 볼품도 없고 인격적으로 무시하는 상사가 시키는 일과 깔끔한 매너와 인간적인 매너를 갖춘 상사가 시키는 일. 부하는 일을 대하는 자세와 태도부터 달라지게 되고 이는 일의 진행에 적지 않은 영향을 미치게 마련이다. 과연 당신은 어떤 상사이고, 어떤 '프로'를 지향하고 있는가?

진정한 프로가 되고 싶다면, 우선 '어떻게 해야 상대방이 만족할 수 있을까?'라는 점과 상대방의 만족감과 나의 열정이 맞부딪혀 어떤 결과를 만들어낼 수 있는지를 산출해낼 수 있어야 한다. 그리고 그것이 어떻게 '인간적인 매력'과 함께 상대방에게 다가설 수 있는지도 생각해봐야 한다. 진정한 프로는 일을 잘하는 사람일 뿐만 아니라 자칫 일에 가려질 수 있는 '인간'의 모습에 애정을 가지고 있는 사람일 것이다.

협상은 직장인이 가질 수 있는
최대 능력 중 하나다

직장인에게 '협상의 능력'은 그 자신이 가질 수 있는 최대 능력 중의 하나라고 할 수 있다. 일을 주도적으로 해나가는 것을 넘어서 거래처와의 밀고 당김을 통해서 자신의 업무와 회사의 매출까지도 좌지우지할 수 있는 일이 바로 협상이기 때문이다.

협상에는 여러 가지가 있지만 그 중에서도 가장 민감한 것이 바로 가격 협상이다. 기업의 기본적인 목적이 이윤 추구라는 것을 모르는 사람은 없다. 따라서 가격을 결정하고, 그 가격으로 고객사와 협상하는 것은 가장 핵심적인 업무 중의 하나라고 해도 결코 과언이 아니다. 하지만 이 가격 협상의 전략이 결코 쉽지만은 않다. 일반적으로는 '싸게 만들어서 이윤의 폭을 조절하면서 판매하면 되지 않겠냐'라고 생각할 수 있지만 이는 상당히 예민한 문제다. 예를 들어 1,000억 원대의 가격 협상에서는 단 10%만 깎아준다고 해도 무려 10억 원이라는 막대한 돈이 사라지게 된다. 단 1%라도 결코 허술하게 생각할 수 없다는 이야기다. 물론 이렇게 중요한 가격 협상에 있어서 그 방식은 매우 다양할 것이고 삼성 내에서도 업무 담당자가 어떤 전략을 가지고 있느냐에 따라서 협상력이 달라질 수 있을 것이다. 하지만 기본적으로 삼성SDI PDP 영업마케팅팀이 어떤 가격 협상 전략을 사용했는지 살펴봄으로써, 자신이 처한 상황에서의 협상 전략을 도출해낼 수 있을 것이다.

가격 협상 전략 1. 원가에 대한 유연함과 대안제품

가격 결정과 협상에 있어 가장 단순한 원리는 '싸게 만들어서 비싸게 판다'는 것이다. 이렇게 하기 위해서는 일단 원가라는 부분을 생각하지 않을 수 없다. 원가는 손해와 이익을 가르는 마지노선이기 때문에 반드시 고수해야 할 필요가 있다. 그런데 이런 생각에만 매몰되면 이 원가라는 부분, 그리고 여기에 덧붙여져야 할 이윤에 대해 '배타적으로' 생각하게 되는 경향이 강하다. 배타적이라는 것은 현재 시장의 상황을 감안하지 않는다는 뜻이다. 예를 들어 A라는 제품을 만드는 데 100원이 들었다고 하자. 그렇다면 회사 입장에서는 인건비와 각종 원자재 가격을 감안해서 '절대로 150원 이하로 판매해서는 안 된다'와 같은 원칙을 세울 수 있다. 물론 틀린 말은 아니지만 가격 결정이 단순히 그와 같은 프로세스로만 결정되어서는 안 된다는 점이다. 그 이유는 가격이라는 것 자체가 제품의 장단점, 그리고 고객이 자사의 제품을 포기하고 선택할 수 있는 다른 대안제품의 가격까지 함께 고려해서 결정되어야 하기 때문이다. 예를 들어 PDP의 경우 그 대안이 될 수 있는 LCD제품이 있다. 따라서 같은 PDP 경쟁업체 간의 가격 경쟁만 감안하는 것이 아니라 비슷한 사이즈의 대안제품인 LCD 제품의 가격까지 함께 고려해야 한다. 따라서 이 모든 과정을 모든 감안한 후에 가격이 결정되는 것이 정석이지, "원가가 얼마 들었으니 반드시 그 이상의 얼마는 받아야 해!"라는 고집으로만 제품 가격을 결정해서는 안 된다. 가격 결정을 할 때 자사가 '고수해야 할 원가'만 집착해서는 전체 시장 내에서 경쟁력을 잃을 가능성이 높다.

가격 협상 전략 2. 제품의 장단점도 충분히 감안해야 한다

또한 제품의 장단점도 최종적인 가격 결정과 협상을 위한 중요한 변수가 된다. 예를 들어 A 핸드폰과 경쟁사의 제품인 B 핸드폰이 있다고 치자. 여기에서 과연 경쟁사보다 싸게 할 것인가, 혹은 비싸게 할 것인가는 상당히 '뜨거운 감자'에 속한다. 경쟁사보다 비싸게 팔면 좀 더 수익이 남겠지만 이는 가격 경쟁력을 잃는다는 것을 의미한다. 하지만 경쟁사보다 싸다고 해서 꼭 제품이 잘 팔리는 것은 아닐뿐더러 그것은 애초에 자신들의 수익을 미리 포기하는 것을 의미한다. 일종의 딜레마에 빠지게 된다는 이야기다. 이러한 딜레마에서 벗어날 수 있는 판단기준 중의 하나가 바로 소비자가 생각하는 장단점으로, 이를 파악해야 한다. 예를 들어 제품의 전체적인 사양은 A나 B가 비슷하다고 하더라도 기능에서는 차이가 있을 수 있다. 만약에 A 핸드폰은 인터넷이라는 측면이 강하고, B 핸드폰은 휴대성이 강하다고 하자. 이 당시에 소비자가 과연 어떤 기능을 더욱 더 선호하느냐가 가격 결정에서도 중요한 기준이 된다. 만약 A사가 가진 인터넷 이용 측면을 소비자들이 더 선호한다면 가격은 B사보다 조금 높여도 될 것이다. 반면에 지금의 소비자들은 인터넷 이용보다는 휴대성을 더 선호하게 되면 A사의 입장에서는 가격을 좀 낮춰야 할 필요성이 있다. 이렇듯 가격을 결정하고 이것으로 상대와 협상할 때는 자사의 제품이 가지고 있는 장단점과 그것이 소비자들에게 어떤 선호와 매력을 주는지도 반드시 함께 파악해야 한다.

가격 협상 전략 3. '기브 앤드 테이크'의 상황을 만들기 위해 카테고리화를 활용하라

협상 테이블은 지루한 줄다리기라고 할 수 있다. 예를 들어 1,000 원짜리 물건이라면 상대편은 800원에 사려고 하고 우리는 900원에

팔려고 한다. 그러면 또다시 상대는 850원에 사려고 한다. 물론 이 상황에서도 호락호락 수락할 수 없는 것이 가격 협상이기도 하다. 이런 상황이 계속되면 판매자는 구매자에게 계속해서 '끌려다니는 상태'가 되기도 한다. 이런 상황을 빨리 종식시키기 위해서는 '기브 앤드 테이크(Give & Take)'의 상황을 인위적으로 만들어내고 이를 통해서 협상을 빨리 끝낼 필요가 있다. 이를 위해서 반드시 필요한 것이 바로 가격의 '카테고리화'인 것이다.

삼성SDI의 이탈리아 고객 B사의 담당자와 미팅을 할 때였다. 당시 고객은 일괄적으로 특정 %의 가격 인하를 요구해왔다. 하지만 이렇게 일괄적으로 가격을 인하하게 되면 우리 쪽의 수익률이 떨어지는 것은 당연하다. 따라서 조금이라도 수익률을 지킬 수 있는 하나의 방법은 바로 제품 자체를 두세 가지 카테고리로 나누어서 각기 차별화된 자격을 제시하는 것이다. 즉, 42인치 패널의 경우 개당 5불을 깎아주되 50인치의 경우 원안대로 우리가 제시한 가격을 받아들여 달라는 제안이었다. 이렇게 되면 애초에 '하나의 제품'으로 협상하던 것이 이제는 '두 개의 제품'으로 협상을 하게 된다. 이렇게 분리하게 되면 서로 주고받을 것이 생긴다. 역으로 우리 편에서 이런 제안을 하게 되면 상대방은 '하나는 잃었지만 다른 하나는 얻는다'는 생각을 하게 됨으로써 우리의 제안을 더 편안하게 받을 수 있다. 이는 우리 측도 이익이 되기는 마찬가지다. 어차피 고객의 가격 인하 요구에 '절대불가'를 선언할 수는 없다. 따라서 '지킬 것은 지키고 일부는 포기하는' 전략을 통해 전반적인 수익률 하락을 막을 수 있는 것이다.

앞의 이야기들이 기본적인 협상의 틀이 될 수는 있지만, 때때로 협상에는 더욱 구체적인 '전술'이 필요한 부분도 있다. 그 중에서 무엇보다 필요한 자세는 다름 아닌 '입장 바꾸기'다. 이 입장 바꾸기는 협상에서 상대의 장단과 단점을 정확히 파악해내 상대 회사의 논리를 무력화시키는 파괴력을 얻을 수 있다. 그만큼 가장 빠르고 효율적인 것이 바로 이 입장 바꾸기라고 할 수 있다. 그런데 중요한 사실은 이를 제대로 할 수 있는 사람들이 그리 많지 않다는 점이다. 이는 입장을 바꿔보는 '자세와 태도'에서 기인한다.

일반적으로 '입장을 바꿔서 생각하라'고 말하지만, 사실 온전한 의미에서 상대의 입장이 된다는 것은 상당한 연구와 심혈을 기울여야 하는 일이다. 그저 단순히 '내가 저 입장이 되면 어떨까?'로는 상대의 강점과 약점까지 파악해낼 수 있는 입장 바꾸기를 하기 힘들다. 구체성이 떨어지는 생각은 상대방의 입장을 정확하게 반영해내지 못하기 때문에 오히려 부작용을 가져올 수 있다. 상대의 입장이 된다고 하더라도 또 하나 주의해야 할 점은 바로 '해석'의 문제다. 팩트는 동일해도 해석이 달라지면 그 결과도 완전히 달라지게 된다. 대부분 입장 바꾸기를 할 때는 해석의 문제에서 걸리는 경우가 많다. 자신에게, 혹은 자신의 회사에게 '유리한' 해석을 하게 되는 것이 일반적인 경향이라는 이야기다.

따라서 '입장 바꾸기'를 할 때 가장 좋은 방법은 완전히 상대방의 입장에서 상대 회사를 방어하기 위한 최대의 방법을 아주 구체적으로 생각해내야 한다는 점이다. 사실 협상의 테이블에 앉은 사람들은 모두 자신의 회사를 방어하고 자신의 이익을 포기하지 않기 위해 최선의 노력을 다하는 사람들이다. 그런 사람들의 입장이 되기 위해서는 내가 완전히 상대방 회사의 월급을 받는 직원이 되어서 다방면에 걸쳐서 최대한 '애사심'을 발휘해야 한다. 때로는 상대편 회사에게 전혀 이익을 주지 않으려는 냉혹한 이기주의자가 되어야 한다. 이렇게 할 때만 진정으로 '입장 바꾸기'가 가능하다.

더 나아가 협상 테이블에서 벌어질 수 있는 거의 모든 경우의 수를 수학적으로 도출해내는 방법도 필요하다. 여기에서 중요한 것은 '수학적인 도출'이라는 점이다. 예를 들어 상대방이 제안할 수 있는 가격을 '1,000원 이상, 혹은 1,000원 이하'라고 막연하고 추상적으로 생각하지 말고 800원일 경우, 900원일 경우, 1,000원일 경우, 1,100원일 경우를 모조리 따져봐야 한다. 협상의 사안에 따라서 이러한 사례가 적절하지 않을 수도 있다.

그렇지만 실제 협상 테이블에서 나올 수 있는 의외의 변수에 최대한 대처하기 위해서는 이러한 경우의 수를 수학적으로 따져보는 게 상당한 의미가 있다. 또한 실제 협상에서는 자신이 수학적으로 따지지 못한 의외의 변수가 나올 수 있다. 하지만 이러한 논리적인 훈련을 하는 과정에서 의외의 변수에 대처하는 자세를 충분히 기를 수 있다는 점을 염두에 두어야 한다.

외국인과 협상할 때는 또 다른 능력이 필요하다. 나는 그간 해외 비즈니스를 많이 하다 보니 해외 협상 테이블에 앉을 기회가 많았다. 그러다 보니 우리나라 사람들과 외국 사람들의 다른 점을 적지 않게 파악할 수 있었다. 우리 민족 고유의 심성이 논리적이고 냉정한 협상에서는 자칫 적지 않은 실패를 초래할 수 있다. 국내 회사 간의 협상이 아니라 '한국회사 vs 외국회사'의 구도가 된다면 문제가 좀 더 심각해지게 된다. 그렇다면 한국인들이 조심해야 할 협상의 방법은 어떤 것일까?

먼저 "알아서 해준다", "알아서 해달라"는 이야기에 대해 알아보자. 냉정한 협상에서 이러한 말들이 과연 쓰일까 의구심이 드는 것이 사실이겠지만, 의외로 많은 사람들이 이런 실수를 저지른다. 그런데 이러한 이유를 저지르는 데도 나름의 '합리적인(?)' 이유가 있다. 이는 상당수의 한국인들이 초점을 맞추는 정확한 이슈에 대해서는 강하고 논리정연하게 이야기를 하면서도 이 강한 것에 너무 집중한 나머지, 그리고 이 주요 주제에 관심을 집중시키기 위해서 부차적인 것들에 대해서 '알아서'라는 입장을 자주 취한다는 이야기다. 이렇게 하면 두 가지 사안이 대비가 되면서 자신의 이슈 제기가 강하다는 느낌을 주기는 하지만, 자칫하면 부차적인 것들이 주요한 문제들을 '잡아먹는' 일이 발생하게 된다.

반면에 외국회사가 하는 협상의 기본적인 특징은 이러한 '알아서'와 같은 애매하고 모호한 단어를 거의 모든 경우에 사용하지 않는다는 점이다. 이들에게는 매 사안이 중요하고, 모든 이슈가 '제일 중요한 이슈'일 뿐이다. 마치 무언가를 수술하듯, 하나하나를 분리하고 그것에 집중하는 서양의 전통적인 과학적 방법론에 입각하고 있는 듯한 모습이다. 그들은 분리해서 따로 대응하고 한국인들은 뭉뚱그려 전체로 대응하려고 하니 결국 나중에 문제가 생기는 것은 뭉뚱그린 쪽이 아닐 수 없다. 하나하나 문구를 따져보면 역시 불리해질 수밖에 없기 때문이다.

감정 조절이라는 문제도 그렇다. 사실 다혈질이고 성질이 급한 한국인의 전형적인 특성이 바로 감정 조절의 실패이기도 하다. 하지만 외국인들과 비교하면 좀 지나치게 티가 나는 것도 사실이다. 외국인들은 포커페이스에 상당히 능하고 적절히 웃음과 논리를 섞어가면서 자신의 감정을 드러내지 않은 상태에서 끝까지 협상을 밀고 가는 경우가 대다수다. 하지만 한국인들은 때로 감정을 앞세우는 바람에 오히려 상대방에게 '나의 약점은 이것이다'라고 알려주는 실수를 저지르기도 한다. 실제 내가 포함된 협상 테이블에서도 이러한 감정 조절의 실패 때문에 문제가 된 경우가 많았다.

평소에도 의협심이 좀 강하다는 평가를 받고 있던 남 부장이 한미국 거래처와의 협상 테이블에 참석하게 됐다. 남 부장에 대한 사내외의 평가는 상당히 좋았다. 일도 성실하고 뒷탈 없이 잘 마무리하는가 하면, 사람도 좋고 선후배도 잘 챙겨서 남다른 존경을 받는 인물이었다. 하지만 문제는 그가 가진 인간적인 장점이 협상에서는 단점으로 작용한다는 사실이다. 상대 회사가 조금이라도 부당한 것을 요구한다고 하면 일단 영어부터 더듬거리기 시작하면서 눈에 불꽃이 튀기 시작한다. 회사를 사랑하는 애사심과 정의감이 합쳐진 일이라고는 하지만 사실 협상 테이블에서는 일부러 무리하고 부당한 요구를 하는 경우가 적지 않다. 어차피 상대도 '되면 좋고 안 되면 그만'이라는 생각에서 최대한 유리한 고지를 점령하기 위해서 이 같은 돌출적인 협상전술을 구사하는 것이다. 이런 경우에는 그저 아무 말 없이 싱긋이 웃어주면서 "그런 것까지는 곤란하다"라고 말해버리면 그만이다. 시쳇말로 이렇게 대응하게 되면 상대방도 '꼬리'를 내린다는 사실은 우리 쪽도 알고 저쪽도 아는 일이다.

하지만 남 부장의 성격은 그렇질 못했다. "도대체 우릴 어떻게 보고 저런 제안을 하는가"라며 화부터 내기 때문에 협상에 집중력이 떨어지게 되고 감정이 개입되면서 기타 사안에 대해서도 판단력이 흐려질 수밖에 없다. 물론 남 부장의 말 역시 일리는 있다. 세계 최고의 기업을 향해가는 삼성의 자존심을 건드렸다는 이야기다. 하지만 협상에서 가장 중요한 건 '자존심'이 아니라 '결과물의 형태로 드러나는 구체적인 이익'이다. 협상에서만큼은 잠시 자존심을 접어놓아도 될 것이다.

이슈를 선점하지 못했다는 건
패배했다는 이야기다

직장생활을 단순히 '자신에게 주어진 업무를 처리하는 것'이라고 생각하면 곤란하다. 물론 때로는 주어진 일을 처리만 잘해도 칭찬을 받는 업무의 종류도 있다. 하지만 대개 그런 종류의 업무들은 단순 업무일 경우가 많다. 하지만 자신이 맡은 분야에서 탁월한 역량을 발휘하고 이를 통해 능력을 인정받고 그것이 결과적으로 승진과 연봉 인상으로 연결되기 위해서는 주어진 업무를 처리하는 것만으로는 턱없이 부족하다. 그것은 그저 '기본'이 될 뿐이다. 그렇다면 기본을 넘어서는 그 이상의 단계는 어떤 것일까?

그것은 바로 자신의 업무가 나아가야 할 정확한 미래의 방향을 아는 것이다. 그리고 이를 위해서는 관련 업계의 흐름과 트렌드를 훤히 꿰뚫고 있어야 한다. 이러한 상태에서 업무는 실질적인 결과의 향상에 초점이 맞춰지고 업계를 주도해나갈 수도 있는 탁월한 수준이 된다. 예를 들어 PDP 패널을 판매한다고 하면서 현재 PDP 패널의 시장 상황에 대해서 잘 모른다면 어떨까? 그저 열심히 홍보 마케팅만 한다고 해서 될까? 수요자의 욕구는 수시로 바뀌고 경쟁자는 그 욕구를 훤히 꿰뚫어 보면서 수시로 마케팅 전략전술을 바꾸고 있을 때 그저 과거의 방법만 답습을 한다면 어떻게 될까? 물어보나 마나 그 업무는 궁극적으로 패배하게 마련이다. 기획파트도 마찬가지다. 해당 분야에서 뭔가의 기획을 하고 그것을 관철시키기 위해서는 시장의 상황과 현재의 흐름이 가장 정확하게 반영되어 있어야 한다. 그렇지 않은 상황에서의 기획이란 모래성을 쌓는 것일 뿐이며, 아무리 그럴듯하게 보인다고 하더라도 마지막 단계에서 소비자의 외면을 받게 될 것이다.

결국 직장인들은 자신이 맡은 분야에서 최대한의 정보를 수집하고 그것을 분석하고 미래를 예측하는 '트렌드 통찰'을 해야 한다. 국내의 신문과 잡지만 볼 것이 아니라 해외의 관련 잡지와 뉴스도 반드시 봐야 하고, 서로 정보를 공유할 수 있는 사람들과는 늘 최신 정보를 교환하는 끈을 놓아서는 안 된다.

삼성에서 일할 때 알게 됐던 이 이사는 컨텐츠 관련 기업의 임원이었다. 그가 있던 회사의 사장님은 늘 '비판적 사고'를 강조했다. 그 덕분에 직원들은 사장님과 이야기하는 것을 늘 부담스러워했다. 직원보다 사장님이 더 모든 상황을 꿰뚫고 있다 보니 사장님의 날카로운 질문에 꿀 먹은 벙어리가 되는 경우가 한두 번이 아니기 때문이다. 하지만 이 가운데에서도 사장님과의 토론과 논쟁에서 '승승장구' 하는 사람이 있었으니 그가 바로 이 이사다. 그는 사장님과의 난상토론을 하나의 '승부'로까지 생각하는 경향이 있었다. 심지어 그는 "지난 달에는 사장님과 3승 1패였어!"라고 말할 정도였다. 그는 사장이 어떤 이야기를 할지, 무엇에 관심이 있는지, 지금 진행되고 있는 회사 업무와 시장의 상황에서 무엇이 이슈가 되는지를 누구보다 잘 꿰뚫고 있었고, 심지어 그러한 토론을 미리 준비하기까지 했다. 책, 뉴스, 인터넷 RSS를 통해서 최신 정보를 습득하는 것은 물론이고 그에 대한 자신의 견해와 예상되는 논박까지 모두 준비하곤 했다. 그 결과 그는 늘 사장님과의 '토론 대전'에서 높은 승률을 보일 수 있었던 것이다. 하지만 그에게 있어 토론 대전은 단순한 '게임'에 머무르지 않았다. 바로 그 과정을 통해서 이 이사는 점점 더 해당 업무 분야에서 강력한 지식을 갖출 수 있었고, 그 누구도 따라올 수 없는 업무적 혜안을 갖추게 된 것이다.

핵심적인 사안의 모든 것을 꿰뚫고 있어야 한다

직장인에게 공부가 필요하다는 것은 누구나 인정하는 부분이다. 사실 그것은 일종의 '습관' 문제이기도 하다. 내가 함께 일했던 송 지점장은 "책 읽고 공부하는 습관은 신입사원 때부터 들이지 않으면 안 된다"고 말하곤 했다. 누구나 알고 있지만 습관화가 되지 않으면 어느 순간부터 일에 파묻혀서 공부할 짬을 내는 것이 엄두도 나지 않는다는 이야기였다. 이 이사 역시 끊임없이 책을 읽으며 절차탁마의 시간을 가졌다. 그 결과 그는 "박학다식하다"는 평가를 받으며 사장님의 요구에 부응하고 있었으며, 동일한 시간을 일해도 '가치 있게' 일할 수 있었다.

그런데 직장인에게 필요한 정보수집 능력과 해석 능력, 그리고 발 빠른 트렌드 예측 능력은 단지 전체적인 시장의 흐름이나 업계의 상황에만 적용되는 것이 아니다. 그것은 '사람'을 파악할 때도 적용된다. 삼성의 한 과장은 워낙 말하기를 좋아하는 사람이었다. 그는 회사에서 일어나는 모든 일에 대해서 시쳇말로 '빠삭하게' 알고 있을 뿐만 아니라 연예인의 상황에 대해서도 모두 꿰뚫고 있을 정도였다. 그의 박학다식과 달변이 어느 정도였는가 하면 우리 주변의 어떤 사람은 그를 두고 "이 세상에 관한 모든 이야기를 알고 있는 사람"이라고 농담처럼 이야기 할 정도였다. 어떤 토픽을 들이대도 한 과장의 정보력과 분석력은 쉽게 따라잡을 수 없을 정도였다. 그런데 한 과장은 자신의 이러한 능력을 세상사를 분석하는 데만 사용하지 않고 윗사람을 분석하는 데도 활용했다. 그는 자신의 상사에 대한 거의 모든 것을 파악하고 있었을 뿐만 아니라 특정 시기의 심리적인 상태에 대해서까지 모두 예측했다. 예를 들면 승진시기가 좀 가까워 올 때면 모두들 '성과'에 대해 민감해지기 때문에 모든 일을 진행할 때는 예전보다 좀 더 성과 위주로 일을 진행시키기 마련이다. 거기에 더해 한 과장은 임원이 자녀의 결혼을 앞두고 있을 때라면 혼수의 최신 경향이라든지, 질 좋고 싼 물건을 살 수 있는 곳을 알아내 식사 때나 회식 자리에서 넌지시 이야기하곤 했었다.

그의 이런 행동에 대해서는 어느 정도 오해의 소지가 있을 수 있다. 그런 행동을 '아부'로 치부하는 이야기를 들으면 그는 이렇게 항변하곤 했다.

"솔직히 말해서 아부도 능력 아닙니까? 저도 열심히 노력해서 이렇게 하는 거예요!"

물론 이에 대한 해석은 사람마다 다르겠지만 어쨌든 그는 정보력과 해석력으로 분명 회사와 윗사람에게 신뢰와 인정을 받고 있었다.

결국 모든 것은 '이슈의 선점 능력'이라는 말로 표현될 수 있다. 업무에 관해서든, 사람에 관해서든 중요하고 핵심적인 사안에 대해서는 반드시 그것의 전후좌우를 꿰뚫고 있어야 한다는 것이다. 그래야만 발빠른 대처가 가능하고 능수능란한 전략전술의 변화를 실천할 수 있다. 물론 이 정도를 해내는 것은 직장인으로 훌륭한 능력을 갖췄다고 생각할 수 있다. 또 '기본을 넘어선 능력'이라고 볼 수도 있다. 하지만 이를 '승리의 조건'이라기보다는 '패배를 하지 않기 위한 조건'이라고 생각해야 한다. '이슈'라는 것은 끊임없이 변하기 때문에 한순간이라도 그것을 놓치면 다시 따라잡기가 여간 힘든 일이 아니다. 지금 이슈를 선점했다고 그것으로 승리가 확정되는 것은 아니다. 결국 무한대의 이슈 선점 능력을 계속 보유하기 위해서는 노력 역시 무한대로 이어져야 한다.

나의 '무기'는
과연 무엇인가?

삼성은 인재의 채용과 탈락을 '버스'에 비교한다. 많은 승객이 타지만, 그만큼 하차하는 사람도 많기 때문이다. 어떤 사람들은 한참을 가서 내리고, 어떤 이는 다음 정거장에서 내리며, 또 어떤 이는 종점까지 가서 행복한 미소를 짓기도 한다. 중간에 훌쩍 올라타 종점까지 동행하는 경우도 흔하다. 그렇다면 이렇게 승차와 하차를 결정적으로 가르는 요인은 과연 무엇일까? 모두들 삼성에서 직장인으로 성공하겠다는 동일한 의지로 '승차시험'을 거쳤고, 함께 목표를 세웠지만 무엇 때문에 중간에 '하차'하는 일이 발생할까? 이는 2000년대 중반부터 서서히 변화된 삼성의 채용방식과 2010년을 전후해서 더욱 공고해진 삼성의 업무 스타일을 잘 알아야 이해할 수 있는 부분이다.

사실 과거 삼성은 '교과서형 인재'를 선호한 바 있다. 학력과 경력, 그리고 그 사람이 걸어온 길을 꼼꼼히 따져 얼마나 모범적으로 살아왔으며 그것을 자신의 학력과 경력에 적용시켜왔느냐를 기반으로 채용했다. 그리고 이것이 곧 삼성의 인재상이 되기도 했다. 더구나 이런 기본적인 채용의 방법은 이른바 '순혈주의 인사'라는 것을 만들어내기도 했다. 공채 출신을 우대하고, 승진에 있어서도 어느 정도의 프리미엄이 가산되는 방식인 것이다.

하지만 기업 환경의 변화는 더 이상 이러한 방식을 허용하지 않았으며 더욱 빠르게 적응하고 남보다 앞서 미래로 치고 나가는 새로운 인재가 필요하게 됐다. 이를 '실무형' 또는 '창의형'이라는 말로 압축할 수 있다. 즉, 결과와 성과, 효율을 더욱 중시하는 삼성 사내 문화가 형성되었다는 것을 의미한다.

실제 삼성증권에서는 국내 증권사 중에서 최초로 실제 채용과 인턴제도를 연계하는 시도를 했다. 급여도 일반 인턴보다 50% 더 많이 주고 인턴 기간 자체도 1개월에서 4개월로 대폭 늘려 실제 신입사원과 같은 일을 시켰다.

삼성전자 역시 실무 능력이 철저하게 검증된 인재를 뽑는 '실무형 신입사원 채용 제도'를 도입해 운영하고 있다. 이러한 경향은 삼성의 전 그룹사로 퍼져나갔다. 실제 이 채용제도를 도입하지 않았더라도, 인재의 평가와 선발에서는 이러한 실무 능력을 중점적으로 생각하는 간부와 임원들이 많다.

종합적 지식을 가지고 맥락을 파악하는 '실무형 인재'

그렇다면 과연 '실무형 인재'가 된다는 것은 어떤 의미일까? 이 말은 그저 단순히 '일을 잘 수행해낸다'는 의미일까? 일반적으로 '실무형 인재'라는 말은 '일을 잘하는 인재'와 같은 의미로 여겨지는 것이 사실이다. 하지만 이 실무형 인재라는 말에는 생각보다 많은 의미와 철학이 함축되어 있다. 단지 '일의 수행'을 넘어서는 또 다른 무언가가 존재한다는 이야기다.

우선 실무형 인재는 주어진 일의 전후좌우 맥락을 파악하는 종합적 지식을 가지고 있어야 한다. A라는 업무를 지시받았을 때 그저 A만을 생각하는 것으로는 부족하다. 그 일이 가지고 있는 주변의 정황들, 즉 현재 회사 내에서 이 업무가 가지고 있는 역할, 이 업무가 고객에게 미치는 영향, 그리고 이 업무를 진행하는 데 있어서의 마감시간과 타 업무와의 적극적인 공유 방식 등 헤아려야 할 것이 한두 가지가 아니다. 그런 점에서 실무형 인재는 상황을 종합적으로 판단하는 능력을 가지고 있는 인재라고 할 수 있다.

두 번째로 실무형 인재는 창의적인 능력을 가진 인재이기도 하다. 기존의 교과서형 인재는 면접준비, 입사지원서 꾸미기, 자기 소개서 작성에 능한 인재이기는 하다. 하지만 이러한 작업을 두고 '창의적이다'라고 표현하기는 힘들다. 이런 종류의 일들은 어느 정도 패턴화되어 있을 뿐만 아니라 일정한 공식이 있기 때문에 이러한 능력만 가지고서는 창의성을 제대로 평가하기 힘들다. 결국 한 개인이 가지고 있는 창의성을 제대로 평가하기 위해서는 그 사람이 일을 대하는 방식과 그것을 컨트롤하는 능력에 주목하게 마련이다. 주어진 '업무지시'에만 갇혀서 그 틀을 깨지 못하고 '시키면 시키는 대로' 하는 사람이 있는가 하면, 그 일의 외연을 확장하고 기존의 방법을 비틀어서 전혀 생각지도 못했던 낯선 방법으로 일을 명쾌하게 풀어나가는 사람이 있다. 진정한 창의성이란 바로 이렇게 '실무'라는 필드에서 그 능력이 발휘되게 마련이다.

또한 실무형 인재는 무엇보다 다양한 사회경험을 통해서 사람들의 심리와 상대방이 처한 상황을 제대로 이해하는 인재이기도 하다. '일'이라는 것은 단지 '일 그 자체'가 아니다. 어떤 일이든지 '사람'과 연관되어 있다는 점에서 보면, 일을 해나가는 것은 곧 사람과의 관계를 해나가는 것이고, 그 과정에서 주어진 과제를 추진해나가는 것을 의미한다. 따라서 일을 하는데 거기에 참여하는 '사람'을 보지 못한다는 것은 곧 일의 함정에 빠져 일을 망치는 계기가 되기도 한다. 삼성전자에서는 와인 색상과 혁신적인 디자인을 사용해 TV 시장에 큰 파장을 일으켰던 보르도TV 개발팀의 정 수석에게 특별상을 준 적이 있다. 여러 부서와 협업을 하여 고객의 니즈를 제대로 파악하고 제대로 된 제품을 적기에 출시해 좋은 성과를 거둘 수 있었기 때문이다.

이처럼 '실무형 인재'는 생각보다 많은 능력을 가져야 하며, 또한 일을 넘어서는 또 다른 능력을 갖는다는 것을 의미한다. 결국 어떤 의미에서 '실무형 인재'라는 말은 역설적으로 '실무'는 넘어서는 일이기도 하다.

조율 능력과 리더십으로 무장한 '인간적인 인재'

실무형 인재와 더불어 필요한 것이 바로 '인간적인 인재'다. 어차피 회사는 사람들에 의해 움직인다. 그러다 보니 이러한 부분도 결코 무시할 수 없는 능력이 된다. 삼성 내에서는 공장이건 마케팅 팀이건, 영업이건, '기획업무'를 하는 파트가 있다. 이곳의 사람들은 한편으로는 브레인의 역할을 하기도 하지만 또 한편으로는 부서 안팎에서 발생하는 다양한 허드렛일을 해결하는 역할을 맡기도 한다.

'장비'처럼 생긴 안 차장은 그런 점에서 사람 챙기기를 통해 해당 부서를 잘 이끌어간 인재라고 할 수 있다. 그는 부하들이 야근을 할 때면 언제든지 끝까지 남아 함께 일을 마무리했고, 또 타부서와 마찰이 생겼을 때는 마치 진돗개처럼 달려들어 잘못된 부분을 지적하고 직언을 하기도 했다. 믿음직하고 책임감 있는 안 차장의 모습에 많은 후배들은 그를 믿고 따르며 좋은 평가를 했다. 게다가 안 차장은 후배들과 소주를 함께하면서 그들의 고민까지 들어주는 인간적인 면을 보여주었다. 업무 능력이 뛰어나고 업무조율 능력이 있으며 인간적인 모습까지 갖추었으니 후배들에게 가히 '최고의 상사'라는 칭찬을 받을 만했다. 후배들의 좋은 평가에 많은 힘을 얻은 그는 이후 빠른 승진과 탄탄한 리더십으로 전성기를 구가했다.

결국 자신이 올라탄 회사라는 '버스'에서 조기에 하차하지 않고 끝까지 자신의 목표를 이루기 위해서는 '실무형 인재'이자 '인간적인 인재'가 되어야 한다. 이것이 바로 회사에서 살아남는 자신만의 '무기'이며, 또한 자신을 최고의 인재 수준으로 끌어올리기 위한 최종 목표치가 될 수 있을 것이다.

결혼을 통해
시너지 효과를 창출하라

이제 어드밴스 스텝에서의 마지막 이야기를 할 차례다. 이 주제는 좀 엉뚱하다는 생각이 들지도 모르겠다. 바로 결혼에 관한 이야기다. 임원들이 특정 직원에 대한 능력을 신뢰하는 데는 충성, 능력, 품성 등 다양한 기준이 있다. 그런데 겉으로 잘 드러나지는 않지만 심정적으로 매우 중요한 하나의 기준이 있다. 그것은 바로 해당 직원의 결혼 여부다. 특히 나이가 있는 임원이나 CEO일수록 결혼에 대해서 매우 중요하게 생각한다. 나 역시 사람을 뽑을 때 지원자가 결혼을 했는지 안 했는지를 반드시 고려한다.

하지만 젊은 세대들은 이러한 생각을 인정하기가 쉽지 않을 것이다. "결혼은 개인의 선택인데, 그것으로 일에 대한 평가까지 하는 건

옳지 않다"거나 혹은 "결혼하게 되면 양육이며 집안대소사며 신경써야 할 일들이 한두 가지가 아니다. 그러다 보면 오히려 더 정신이 없어서 일을 못하는 것 아니냐"라는 의견을 내기도 한다. 또한 '정작 아직 인연을 만나지 못했을 뿐인데, 그것을 일과 연관시키는 것은 가혹하다'고 생각할 수도 있다.

어쩌면 이제까지 결혼 여부가 '사람에 대한 평가 기준'으로 중요하게 표면화되지 않았던 것도 이러한 반발의 요소들이 적지 않기 때문이다. 결혼 여부를 통해 사람을 판단한다는 것은 사실 객관적이기보다 주관적인 요소가 더 강할 수도 있다. '왜 결혼이 일과 관련이 있는가'에 대해서는 데이터로 증명을 할 수도 없고, 계량화해서 무게를 달수도 없는 일이기 때문이다.

하지만 객관화되지 않았다고 모두 진실이 될 수 없는 것은 아니다. 실제 많은 임원들과 CEO들은 결혼이 일과 적지 않은 연관을 맺고 있다는 사실을 주관적으로 확증해왔다. 그래서 그러한 기준들은 암암리에 적용되어 온 것이 사실이다.

그렇다면 왜 '일'과 '결혼'이 중요한 연관을 맺고 있을까?

우선 결혼이라는 것은 한 개인에게 '안정감'을 준다는 점에서 자신의 능력을 발휘할 수 있는 최적의 상황을 제공한다. '죽을 때까지 결혼하지 않겠다'고 완벽하게 마음먹고 실천할 수 있는 사람이 아니라면 대개 결혼을 지향하게 마련이다. 하지만 점점 나이가 들어갈수록 결혼하지 못하는 상황이 지속되면 이는 한 개인에게 스트레스를 주는 요인이 된다. 개인적으로, 집안에서, 혹은 친구들에게 지속적으로 '결혼'에 대한 압박과 스트레스를 받는 사람은 일에 완전하게 몰입하기가 쉽지 않은 상태가 되는 것이다. 사실 회사에서 판단하기에 '일에 몰입하지 못하는 환경'은 한두 가지가 아니다. 알코올 중독, 약물 중독, 난잡한 사생활 등도 사실은 모두 일에 방해는 주는 요소들이다. 이것들이 심해질 경우에 회사는 한 개인이 가진 모든 능력이 제대로 발휘되지 못하고 있다고 판단할 수밖에 없다.

안정된 상태가 업무 몰입도를 높인다

실제 본인이 회사의 경영자라고 생각해보자. 매일 아침 깔끔하게 옷을 입고 상쾌한 기분으로 출근해 일하는 직원을 보는 것과 늘 술 냄새를 풍기고 구겨진 와이셔츠를 입고 다니며 일을 하는 직원을 보는 것에는 분명 큰 차이가 있을 것이다. 본인의 업무 몰입도도 마찬가지겠지만 외부 손님을 맞을 때도 영향을 미치게 마련이다.

결혼이라는 것은 한 개인이 일에 몰두할 수 있는 안정된 상태를 제공한다. 사랑하는 사람과 행복한 생활을 해나가는 사람은 주변 사람들로부터 스트레스를 받을 일도 없고, 본인 스스로도 충분히 만족스러운 심리적 상태로 살아가기 때문에 업무 몰입도가 높을 수밖에 없다.

두 번째로 결혼은 한 직원에게 '책임감'을 준다는 점에서 일에 대한 높은 역량을 기대할 수 있다. '가족'이 생기고 그 가족의 생계를 책임져야 하는 입장은 이제 더 이상 젊은 시절 홀로 살아갈 때의 자유로움과 방만함을 허락하지 않게 된다. 이는 자신이 다니는 회사에 소중함을 느끼고, 자신이 처한 위치에서 최선의 노력을 다할 수 있도록 하는 중요한 열정의 계기가 된다. '잃어도 상관없는 사람'과 '잃어서는 안 되는 것이 있는 사람' 간에는 생활을 대하는 절박함 자체가 다를 수밖에 없다. 회사가 요구하는 것은 그 절박함으로 본인의 능력을 끌어올리고 이를 통해서 본인과 회사가 공존해나가는 관계라고 할 수 있다. 혹자는 물질적으로 준비가 안 돼 결혼을 못한다는 말을 하기도 한다. 그러나 내가 미국에 있을 때도 어린 대학생 부부가 대출을 받아 공부하며 애를 키우며 알콩달콩 잘사는 경우도 있었다. 경제력은 중요하지만 결혼을 못할 만큼 중요한 것은 아니다.

또한 미혼은 때에 따라서 해외 주재원의 자격에 미달되는 경우도 있다. 결혼이 주는 안정감과 책임감 없이는 외롭고 힘든 주재원 생활을 견디기 힘들다고 생각하기 때문이다. 삼성도 마찬가지다. 주재원으로 선발되기 위한 다양한 기준이 있지만 그 중에는 결혼 여부도 심사의 대상이 된다. 결혼을 하지 못해 주재원으로 선발되지 못한다는 것은 개인적으로도 큰 손해라고 할 수 있다.

결혼과 일의 상관관계를 고찰하라

삼성에 다니는 후배 중에서도 처음에는 '자유로운 영혼'을 추구하다가 결혼한 후에 더욱 안정감 있는 태도로 일에 몰두하고 그것이 자기 발전의 계기가 되어 승진을 하는 경우가 종종 있다. 그들도 젊었을 때는 자신의 자유에 더 높은 가치에 두었지만, 일과 삶의 또 다른 재미를 알아가면서 이를 위해서는 반드시 결혼과 자녀에 대한 양육이 필요하다는 것을 절실하게 느낀 친구들이다. 그들은 결혼을 통해서 인생의 새로운 차원으로 접어들었고, 그것을 통해 자신을 더욱 성숙시키는 계기로 삼았던 것이다.

같은 부서에서 근무했던 박 대리의 변화는 아주 훌륭한 사례로 손꼽을 수 있다. 사실 박 대리는 우리 부서는 물론이고 인근의 부서에서도 최고의 '젠틀맨'이자 '유머맨'으로 손꼽혔다. 매너와 유머가 있다는 것은 곧 여자들에게도 인기가 많다는 것을 뜻한다. 실제 박 대리는 자신의 기본적인 매너와 유머는 물론 180cm가 넘는 훤칠한 키로 수많은 여자들을 공략했고, 또 여자들도 그를 좋아했다. 주말이면 3~4개의 데이트를 즐기는 것은 기본에 속하는 듯했다. 그래서인지 월요일에는 다소 기운이 없는 상태인 경우가 많았다. 다행히도 30대 초반의 비교적 젊은 나이 덕분에 업무에 지장이 있는 경우는 별로 없었다.

그러던 그가 몇 년 후 갑자기 결혼을 발표했다. 언제까지나 싱글로 살겠다며, 결코 싱글의 자유를 포기할 수 없다며 결혼에 대해 부정적이었던 그가 갑작스레 결혼을 선언하니 주변에서도 놀랄 수밖에 없었다. 그리고 결혼과 동시에 달라지기 시작했다.

문제는 그의 변화가 긍정적이지 않았다는 것이다. 특히 아이를 가지면서부터 부부싸움이 많다는 속내까지 털어놓았다. 일주일에 2~3일 정도는 규칙적이라고 할 정도로 말타툼을 하고 있었고, 어떤 주말에는 이틀 내내 신경전을 하느라고 힘들다고 했다. 그의 말을 곱씹어서 들어보니 문제는 결혼 자체가 아니라 결혼을 대하는 그의 마음가짐이었다. 젊었을 때 워낙 자유롭게 살다보니 결혼이 구속처럼 느껴졌고, 더군다나 자녀까지 생겼으니 이제는 과거의 자유로움을 꿈꾸기가 쉽지 않은 일이었다. 그러다 보니 박 대리는 은근히 짜증이 많이 생겼고, 그것이 결혼 생활의 말다툼으로 이어졌다고 한다. 결혼이 비록 안정감을 줄 수 있다고는 하지만, 본인 스스로가 그 안정감을 완전히 자신의 것으로 받아들이지 못하면 의미 없는 것이다.

하지만 박 대리는 '젊은 부부 학교'라는 결혼 생활에 도움되는 프로그램에 참여한 후, 자신의 과거의 스타일을 버리고 결혼 생활을 완전히 받아들이게 됐다. 사람의 삶도 '내용과 형식'으로 나누어진다면 이제 그는 결혼이라는 형식에 걸맞은 마음을 다잡음으로써 내용까지 그것에 일치시켰다. 그러자 그는 정말로 긍정적으로 변하기 시작했다. 한동안 '인생 상담'이 줄어들어 궁금하게 생각했는데, 아니나 다를까 오랜만에 만난 그의 얼굴에는 화색이 돌았고, 결혼 직후의 짜증과 답답함을 찾아볼 수 없었다. 이제 어느 면으로 보나 과거의 '매너와 유머로 여자에게 인기 많은 박 대리'가 아니라 '아내와 아이들에게 사랑받고, 또 그 사랑을 책임지는 온전한 아빠 박 대리'가 되어 있었다. 그러니 당연히 주말마다 3~4개의 데이트를 할 필요도 없었고, 월요일 아침부터 업무에만 집중하는 그의 이야기를 들을 수 있었다.

결혼이란 이처럼 다양한 면에서, 그리고 꽤 심층적인 부분까지 사람을 바꿀 수 있는 잠재력을 가지고 있는 것이다. 그렇다고 하더라도 '윗사람들에게 좋은 평가를 받기 위해 결혼해야 한다', 혹은 '해외 주재원을 하기 위해서라도 결혼해야 한다'라는 식으로 결혼을 '이용'하라는 것은 아니다. 결혼이라는 것과 자신의 일이라는 것을 동시에 고찰하고 이를 통해서 어떤 것이 지금보다 더욱 시너지 효과가 날 것인지를 진지하게 생각해야 한다. 그리고 결혼을 하면 자신이 하는 일을 배우자가 이해할 수 있도록 해야 한다. 그래야 화목할 수 있고, 배우자와 한배를 탔다는 의식을 가지고 앞으로 나아갈 수 있기 때문이다.

삼성 3년차

전투적인 싸움닭이 되어 조직을 수호하다!

■ 업무 숙달의 상태

자신이 만든 자료를 가지고 직접 고객에 해당하는 사람을 만날 수 있는 기회가 주어지는 시기다. 이 자료까지 완벽할 수는 없다. 상사가 대폭 수정을 해주기는 하지만 그래도 나름대로 의미가 있는 내용들이 들어가는 자료를 만드는 일에 참여할 수 있다. 특히 이때는 '싸움닭'이 될 가능성이 많다. 일을 잘 못하는 사람들과 정면으로 맞서는 것이다. 일단 대리 승진을 앞두고 있는 상황이기 때문에 전투적으로 일에 임하는 경우가 많다.

■ 3년차 때 배우게 되는 일들

3년차에는 본격적으로 조직의 중심으로 들어가는 단계라고 할 수 있다. 자기 부서의 일은 물론 때로는 타 부서에 도움을 주어야 할 때도 있다. 대개 삼성의 경우 4년차 이상이 대리로 승진하게 되지만 꽤 똑똑하게 일을 잘할 경우에는 3년차가 끝난 직후에도 대리 승진이 가능하다. 때로 윗분들에게 신임을 받게 되면 장기 출장을 단독적으로 수행하는 경우도 있다. 또한 이때는 실무를 수행하면서 점차 회사 내 사람들과 친분을 쌓아가는 시기이기도 하다. 회식 자리에서는 분위기를 맞출 뿐만 아니라 그 분위기 자체를 띄우는 역할까지 수행할 수 있다. 하지만 아직까지 가격 협상과 같은 중요하고 민감한 문제에 대해서는 깊이 있게 참여하지 못한다.

물론 이 시기는 자신의 역량을 훌쩍 키울 수 있는 때이기는 하지만, 한편 위험한 때이기도 하다. 삐딱하게 조직생활을 하기 시작하면 주변에서 '조직과 맞지 않는 사람'이라는 낙인이 찍히기도 하기 때문이다.

■ 3년차 때 반드시 배우고 넘어가야 할 업무 스킬

- 고객과의 협상 테이블에서 필요한 협상 스킬

- 조직에서 중간 역할을 할 수 있는 추진력

- 1~2년차 후배를 도와줄 수 있는 리더십

- 선배와 임원의 요구에 맞출 수 있는 스피드와 헌신력

- 지시한 것에 대해서만큼은 반드시 이뤄내는 끈기

■ 3년차 때 숙달해야 하는 양식

- 고객과의 가격 협상 자료

- 부서 간에 책임 소재를 따질 수 있는 수준의 회의 자료

- 공장 및 타 부서와의 협력을 끌어낼 수 있는 기본적인 자료 및 공유 회의록

4장

모든 것은
관계에서
완성된다

업무적인 부분에서 어느 정도의 개념이 잡혔다면 이제는 '관계'로 넘어갈 차례다. 직장이란 곧 '관계의 연속'이라고 해도 과언이 아니다. 상사와 부하의 '관계', 나와 동료와의 '관계', 우리 회 사와 상대 회사의 '관계'가 그것이다. 이를 공고하게 만들어가기 위한 능력은 업무를 넘어서는 곳 에 있다. 교묘하게 줄을 타야 하는 지혜가 필요한가 하면, 한편으로는 상대방의 우위에서 상대를 압도하는 강인함도 필요하다. 업무를 완성하는 관계의 세계에서 어떻게 처신하고 어떻게 돌파할 지에 대해서 함께 살펴보자.

상사를 대하는 절대 원칙,
그 '정해진 답'에 대하여

직장인들에게는 해결하기 쉽지 않은 한가지의 '딜레마'가 있다. 그
것은 바로 '나쁜 상사'라는 화두다. '나쁘다'는 점에서는 만나고 싶
지 않고 함께하고 싶지 않겠지만, 바로 '상사'라는 점에서 그럴 수
없다는 절대적인 한계에 부딪힌다. 딜레마는 바로 여기에서부터 시
작된다. 물론 최종적인 해결책은 부서를 옮기거나 퇴사하는 것이지
만 이 역시 만만치 않다.

　하지만 그렇다고 언제까지 고민만 하고 스트레스를 받는 것도 개
인적으로는 적지 않은 손해다. 자신이 가진 최대한의 역량을 쏟아
부어야 하는 상황에서 이런 문제들로 계속해서 에너지를 낭비해서
는 안 되기 때문이다. 이 문제에 대해서 '만족스러운 답'을 찾기는

힘들지만, '정해진 답'은 있다.

우선 이 정해진 답을 찾기 전에 상사와의 인간관계에 대한 기본적인 개념부터 잡을 필요가 있다. 그것은 '절대로 내가 원하는 대로 해주는 상사는 없다'는 점이다. 만약 이런 상사가 있다면 딱 세 가지 경우다. 하나는 상사가 정말로 무능한 경우, 두 번째는 부하직원에 아예 관심이 없는 경우, 그리고 마지막으로는 부하 본인이 정말로 출중해서 하는 일마다 모조리 성공을 거두고 있어서 상사가 아무 말 없이 일정기간 놔두는 경우다. 하지만 이 세 번째는 드물기도 하거니 '언제까지나 모든 일'이 다 성공적일 수는 없으니 한시적인 경우에 불과하다.

그렇다면 안타깝게도 많은 경우는 무능하거나 부하에게 관심이 없는 상사만이 부하가 원하는 대로 해준다는 이야기다. 그런데 이런 상사를 원하는 부하도 많지 않다. 열정적인 직장인이라면 누구나 뛰어난 상사를 통해 더 많은 일을 배우기를 원하는 한편, 자신에게 지속적인 관심을 쏟아주길 원하기 때문이다.

따라서 상사와의 관계 설정을 염두에 둘 때 첫 번째로 해야 할 것은 '내가 하고 싶은 대로 할 수 있는 상태'를 기대해서도 안 되고 원해서도 안 된다는 점이다. 상사와는 영원한 평행선을 달릴 수밖에 없다는 점을 인식해야 한다. 그렇다면 다음 문제는 이 평행선을 어떻게 잘 조율하면서 나아갈 것인가다. 여기에서 '정해진 답'은 그 어떤 상황에서도 상사에게 반항하거나 대들어서는 안 된다는 점이다. 때로는 아니꼽고 치사하고 더러워도 이 원칙만큼은 반드시 지켜야 한다. 이 절대 원칙이 지켜져야 하는 이유에는 여러 가지가 있다.

우선 눈물이 쏙 빠질 정도로 독한 상사가 있더라도 그것을 하드 트레이닝의 하나로 받아들여야 한다. 상사는 부하를 관리하고 명령하고 지시하면서 성과라는 것을 만들어내야 하는 사람이다. 따라서 상사의 입장에서는 어떻게 해서든 부하들을 밀어붙이고 촘촘하게 관리해야 하는 존재론적 운명을 짊어질 수밖에 없다. 만약 그들이 그렇게 하지 않는다면 그것은 그것대로 상사로서의 직무 유기라고 할 수 있다. 나 역시 혹독한 훈련을 시킨 상사를 경험한 바 있다. 정말 보기만 해도 지긋지긋하고 퇴사하게 되면 다시는 볼 일이 없는 사람이라고 생각했다. 그렇지만 나중에는 그렇게 혹독하게 받았던 하드 트레이닝이 인생과 업무에 큰 도움이 되었음을 인정할 수밖에 없었다.

두 번째로 뒤에서 상사에게 불평불만을 하고 상사를 따라가지 않을 때는 반드시 상사도 그 부하를 멀리하게 된다는 점이다. 이는 결국 본인에게 불이익이 갈 수 밖에 없는 상황을 만든다. 상사가 아무리 마음에 들지 않아도 결국에는 상사에게 평가를 받아야 한다. 그리고 상사의 한마디가 임원과 CEO에게 적지 않은 영향을 미치기 마련이다. 하지만 이 문제를 가지고 '퇴사하면 된다'고 생각해서는 안 된다. 비슷한 업계에서는 반드시 전 직장에서의 업무 태도를 확인을 하게 된다. 퇴사가 모든 문제의 해결이 아니라 오히려 더 큰 문제의 시작일 수도 있다는 점을 잊어서는 안 된다.

직장인들의 영원한 숙제, 그 이름 '상사'

다른 사업부에서 유명했던 전 차장과 박 상무의 예를 들어보자. 삼성에는 엄격한 상사와 부하의 관계가 존재한다. 하지만 두 분의 경우 비슷한 연배임에도 각자의 스타일이 너무도 다르다는 것이 문제였다. 전 차장의 경우 정확한 수치와 데이터보다는 감과 경험을 주로 믿는 분이었고, 박 상무는 객관적인 자료로 생각하고 판단하는 스타일이었다. 문과생과 이과생처럼 달랐다고도 할 수 있다. 그런데 나이가 비슷하다 보니 전 차장과 박 상무의 대화가 매끄럽지 않은 경우가 종종 있었다. 회의 시간에는 이 두 분 때문에 묘한 긴장감이 흘렀고, 부하직원들은 그 자리가 편할 리가 없었다. 그분들이 했던 대화 중에 정말이지 '압권'인 장면이 있었다. 지금 생각해도 웃음이 절로 나오는 상황이었다.

박 상무가 물었다.

"내년도 S전자의 매출 전망이 어떻습니까?"

전 차장이 대답한다.

"그게, 미친x 널뛰듯이 해서 정확하게 알기가 힘듭니다."

다시 박 상무가 물었다.

"그럼 내년 판매 전망은 나왔습니까?"

"그게 안개 낀 장충단 공원처럼 예상하기가 어렵습니다."

이 얘기를 듣고 있는 사람들은 참으로 웃을 수도 없고, 울 수도 없는 상황에 놓이게 된다. 지금도 화가 부글부글 끓어오르는 박 상

157

무의 얼굴이 눈에 선하다.

그러던 중에 일부 직원들을 관계사로 재배치하는 계기가 생겼다. 그리고 그 권한은 박 상무가 가지게 됐다. 여러 가지 사정이 있었겠지만, 전 차장은 관계사로 옮기게 됐다. 하지만 차장급이 이동을 하게 되면 불리한 일이 한두 가지가 아니다. 전 차장은 잘 적응해서 일을 잘하고 있지만 상대적으로 원래 그 회사에 있던 직원들보다 승진의 기회도 적어지게 되고 조직 적응에도 적지 않은 문제가 발생하기도 한다. 이는 상사에게 보조를 잘 맞추지 못했던 결과라고 볼 수도 있다.

자신이 사장이 되지 않는 이상, 그리고 직장을 완전히 그만두지 않는 이상 이 '상사'와의 문제는 직장인들이 짊어지고 가야 할 영원한 숙제다. 모든 숙제에는 반드시 '답'이라는 것이 있다. 그리고 그 답은 냉혹하게도 개인의 만족과 선호도를 절대로 감안해주지 않는다는 사실을 절대로 잊어서는 안 된다.

삼성의 직급 체계

가끔씩 보면 직급의 호칭에 대해서 헷갈려 하는 사람들이 있다. 예를 들어서 사장님에게 부장에 대해 이야기하면서 "사장님, 아직 부장님이 도착하지 않으셨습니다"와 같은 말을 하는 경우가 있다. 원론대로라면 이때 '부장님'이라는 호칭과 '않으셨습니다'라는 존댓말을 사용해서는 안 된다. 부장보다 사장이 더 높기 때문에 이때는 그냥 "사장님, 아직 부장이 도착하지 않았습니다"가 정답이다. 삼성은 특히 '님' 자를 잘 사용하지 않는 경향이 있다. 사장님께 보고하는 문서의 이름도 '사장 보고자료', '대표이사 보고자료'라고 하지 '사장님 보고자료', '대표이사님 보고자료'라고 하지 않는다.

이는 외부 인사들에게도 마찬가지다. 거래처 사장에게 이야기할 때도 "사장님, 우리 김 상무께서 급한 일이 생기셔서 약 10분 뒤에나 회사로 돌아온다고 합니다"라고 말하는 경우가 많다. 그런데 이렇게 했을 때 한 가지 문제는 이렇게 '님'자를 생략할 때에는 뭔가 빼먹은 듯한 기분이 드는 것이 사실이다. 또한 실제 자신보다 연장자인 사람에게 존칭을 생략하는 것은 어쩐지 뭔가 좀 어색하고 민망한 느낌이 들기도 한다. 따라서 이 부분에 대해서는 삼성의 문화를 참조하되, 각자의 회사 문화에 적용시켜 지혜롭게 사용하는 것도 한 방법일 것이다.

'적을 만들지 않는 것'은
단순히 개인적 처세의 문제만은 아니다

직장 내에서 두루두루 '좋은 관계'를 유지하는 것은 쉽지 않은 일이다. 스스로 앞서나가지 않으면 뒤처지는 상황, 경우에 따라서는 결과에 따라 명확한 책임소재가 따져지는 상황에서 '적'을 만들지 않는 것은 불가능에 가까운 일이다. 하지만 성공해서 임원으로 올라간 상사들, 그리고 성공한 비즈니스맨들은 "직장 내에서 적을 만들지 말라"는 것을 절대적인 원칙으로 삼고 생활해나가는 것이 사실이다. 그렇다면 이제 중요한 것은 "적을 만들지 않기 위해서는 어떻게 해야 하는가?" 하는 점이다. 어쩔 수 없이 적을 만들 수밖에 없는 상황에서, 말은 쉽지만 그 구체적인 방법은 쉽지 않다. 하지만 그렇다고 방법이 전혀 없는 것은 아니다.

적을 만들지 않는 법은 우선 세 가지 레벨로 구성되어 있다. 첫 번째는 '감정의 점핑(jumping)을 막는 법', 두 번째는 '진실한 마음으로 정면 돌파를 하는 법', 그리고 세 번째는 '서로를 이해할 수 있는 믿음의 토대를 만드는 것'이다. 사실 이 세 가지 중에서 가장 중요한 것은 마지막 것이다. 앞의 두 가지가 인내와 솔직한 감정으로 상대를 대하는 것이라면, 세 번째는 어느 정도의 시간이 걸리고 서로가 마음의 문이 열리는 순간이 있어야 한다. 하지만 일단 이 세 번째가 성공한다면 다소 서로가 불편한 상황이 생기고 문제가 있다고 하더라도 그저 외부적으로는 큰 영향을 주지 않는 '찻잔 속의 태풍'으로 끝나는 경우가 많다.

PDP 마케팅 영업팀에 배치된 후 초기에 6시그마에 대해서 배우고 다양한 과제를 수행하는 때였다. 당시에는 상당히 바빴음에도 일상 업무는 물론이고, '챔피언'이라고 불리는 임원과제까지 완결지어야 했다. 하루 종일 미국과 유럽, 그리고 국내의 생산 이슈까지 챙겨야 했으니 아무리 시간을 쪼개고 쪼개도 도저히 여유가 없었다. 그러다 보니 개인 출장비의 정산이라든가, 혹은 6시그마 개인 과제를 할 수 있는 시간이 나질 않았다. 일단 집중해야 할 것은 챔피언 과제였기 때문이다. 결국 개인 과제는 정해진 날짜에 비해 일주일이 늦어져서 끝나고 말았다. 하지만 6시그마 평가에서 과락(70%)을 할 이유는 없었다. 이미 다른 6시그마 과제에서 70%를 넘었고, 또한 마감일 준수는 전체의 15% 밖에 배점이 되지 않았다. 그래서 비록 마감일을 어겼어도 마음을 편하게 가지고 있었다. 그런데 느닷없이 과락이 되었다는 소식이 들렸다. 해당 평가자에게는 "아무리 챔피언 과제를 제때에 했다고 하더라도 개인 과제를 늦게 낸 것은 성의가 없다"라는 이유를 들었다. 하지만 객관적인 평가기준에서는 아무리 해도 과락을 하기가 힘들었다. 평가자는 개인적인 감정을 섞었고 자신의 주관적인 평가기준을 너무 과도하게 적용시킨 결론을 내렸던 것이다. 당시에는 특히 개인 평가가 중요할 때였고 삼성에서도 6시그마 평가를 매우 중요하게 생각했으니 나에게는 치명적인 타격이 발생한 것이다. 사실 개인적으로는 상당히 불쾌한 경험이었고 직접 가서 따지고 싶은 생각도 강했다. 하지만 그렇게 따진다고 해결될 일이 아니었다. 일단 한번 감정적으로 충돌하기 시작하면 이 문제를 해결할 방법이 오히려 더 꼬일 것만 같은 생각이 들었기 때문이다.

감정적인 대처의 가장 큰 문제점은 그것이 '점핑'을 한다는 점이다. 불필요하게 튀고, 생각보다 많은 타격이 생기면서 문제의 해결법이 어디로 튈지 아무도 모른다. 우선 이러한 감정의 점핑을 막는 것이 가장 중요했다. 또한 어쨌든 그는 평가를 하는 사람이고, 나는 평가를 받는 사람이기 때문에 그런 식으로는 해결이 되지 않을 것이라는 생각이 들었다.

지혜로운 커뮤니케이션을 시도하라

미국에서 강연을 들으면서 만났던 수백억대의 부자 조셉(Joseph)

은 이런 말을 했다.

"상대가 들으면 기분 나쁠 수 있는 말을 기분 나쁘지 않게 하는 것이야 말로 진정한 프로다."

방법은 스스로가 지혜로운 커뮤니케이션을 하는 것밖에는 없다. 논리적이고 조리 있게, 그러면서도 인간적인 감정까지 배려하는 것으로 서로가 원하는 것을 주고받아야 한다. 따라서 일단 감정의 점핑을 막은 후에 평가자를 찾아가 진실한 마음을 토로했다. 전후 사정을 차분히 듣고 내가 잘못한 부분은 인정을 하고, 또한 객관적인 평가 기준에 대해서도 '문의'했다. 중요한 것은 이때 따지듯이 묻거나 왜 나에게 과락을 주었냐고 항의해서는 안 되는 일이었다. 상황을 차분히 설명하고 과락을 받은 나의 기분에 대해서도 상대가 기분 나쁘지 않은 방법으로 마음을 전달했다.

이렇게 한 뒤 "담당 임원과도 상의를 해보고 싶은데 괜찮냐?"고 물었다. 사실 나는 이런 말을 하지 않고 담당 임원을 찾아갈 수도 있었다. 하지만 모든 문제의 해결이 위에서부터 내려오게 되면 당사자는 이에 앙심을 품게 마련이다. 따라서 나는 정중하게 '담당 임원과의 상담'에 대한 이야기를 먼저 꺼냈던 것이다. 평가자도 나의 태도가 그리 나쁘지 않았는지 이 부분에 대해서 흔쾌하게 받아들였고, 가능하다면 다시 한 번 조율하자고 말해주었다. 결국 해당 임원을 찾아가는 것에 대한 '안전망'까지 마련한 상태에서 직접 임원과 이야기를 해 이 문제를 해결할 수 있었다. 물론 잘못은 평가자가 시작했다. 엄연히 객관적인 기준이 있고, 절대로 그것이 무너져서는 안

됨에도 그는 이 문제에 감정적이고 주관적으로 대처했던 것이다. 이러한 일을 당하는 사람의 입장에서는 무척 기분이 나쁜 일이다. 그러나 일단 한번 '적'이 되면 싸워야 하는 운명에 처하게 되고, 한번 싸우게 되면 끝까지 싸워야 하는 관계가 되어버리고 만다. 문제가 생겼을 때는 '감정의 점핑'을 막고 '진실하게 정면돌파 하는 법'을 구사하는 것이 가장 좋다.

세 번째 방법인 '서로를 이해할 수 있는 믿음의 토대'는 무엇보다 확실하고 중요한 방법이라고 할 수 있다. 우선 이를 정확하게 이해하기 위해서는 과연 무엇이 '믿음의 토대'인지를 정확하게 알 필요가 있다. 이는 '관계'라는 측면에서 이해할 수 있다. 예를 들어 부모와 자식의 관계라면 말 그대로 철저한 믿음이 바탕이 된다. 어느 한편이 아주 큰 잘못을 했을지라도 이 둘의 관계가 일방적으로 깨지기란 쉽지 않다. 상대방의 처지를 '이해'하고, 그것을 통해서 '용인'할 수 있는 관계가 형성되어 있기 때문이다. 반면, 길을 가다가 느닷없이 자동차 충돌사고를 당했다고 생각해보자. 지금이야 모두 보험에서 처리하기 때문에 둘이 싸울 일이 없다고 하지만 과거에는 일단 "목소리 큰 사람이 이긴다"고 했다. 상대가 왜 그런 잘못을 했는지 이해하고 싶지도 않고 용인하며 다독거리는 일은 더더욱 불가능한 일이다. 이것이 불가능한 것은 서로에 대한 '믿음'이라는 것이 애초에 전혀 없기 때문이다.

업무에 있어서도 자신이 잘 아는 사람이 실수를 저질렀을 때와 전혀 모르는 사람이 실수를 저질렀을 때, 이를 대하는 태도에서 아주 큰 차이가 난다. 만약 기본적으로 서로에 대한 믿음이 있다면 '어? 이게 왜 이러지? 혹시 그 친구가 실수한 건 아닌가?' 혹은 '이럴 친구가 아닌데? 뭔가 개인적인 문제라도 있나?' 하고 생각하게 된다. 상대를 이해할 수 있는 믿음이 이미 형성이 되어 있기 때문에 실수 자체를 가지고 질책을 하기 전에 문제의 근본 원인부터 함께 파악하려는 자세가 형성된다는 것이다. 하지만 이러한 관계가 전혀 형성되어 있지 않다면 그야말로 '인정사정 볼 것 없는' 사태가 초래된다.

서로를 이해할 수 있는 믿음의 토대를 구축하라

PDP 마케팅 영업팀은 CS팀과 아주 긴밀한 연관을 맺고 있다. 그러니까 문제가 생기면 이것을 뒤처리하는 사람들은 대부분 CS팀이라고 보면 된다. 고객과 관련된 온갖 궂은 일은 모두 담당하다 보니 영업팀의 경우 CS팀에게 때로는 미안하기도 하고 때로는 여러 가지 부탁해야 할 일도 많다. 따라서 두 부서 간의 원활한 업무 조율은 전체 프로젝트의 진행에서 매우 핵심적인 역할을 하게 된다. 그런 점에서 당시 나는 CS팀의 윤 부장과 매우 원활한 관계를 유지하려고 노력했고, 윤 부장 역시 그렇게 먼저 나서는 나에게 후한 점수를 주었다. CS팀이 MT를 갈 때 초대해주었고, 나 역시 쉽지 않았지만 시간을 빼서 MT에 참여했다. 그리고 밤새 맥주를 마시며 회사 이야기, 인생 이야기를 했었다. 서로가 서로에 대해 믿고 신뢰할 수 있는 기반을 쌓았던 것이다. 그 이후 CS팀과의 업무 조율이 한층 더 원활해졌다. 윤 부장 역시 나의 일이라면 더 많은 노력을 기울여주었고, 나 역시 CS팀과의 일이라면 좀 더 신경을 쓰는 것은 인지상정이었다. 서로가 서로의 스타일, 가정생활, 인생관 등을 알게 되면 아무래도 이해의 폭이 넓어지게 되고, 그것으로 상대방을 바라보는 시각이 달라지는 경우가 많다. 때로는 연민이 생기기도 하고, 때로는 존경심이 생길 수도 있다. 이 모든 것이 복합적으로 작용해 최종적으로 '서로를 이해할 수 있는 믿음의 토대'가 구축되는 것이다.

이러한 믿음의 토대는 사소한 실수가 있어도 상대를 '적'으로 만들지 않게 할 뿐만 아니라 나의 실수까지도 감싸 안게 하는 중요한 계기가 된다. 이는 단방향적인 관계가 아니라는 점에 주목해야 한다. 그가 나의 실수를 이해해준다는 것은 곧 나도 상대의 실수를 이해하기 위해 노력하고 그것의 해결을 위해 함께 노력한다는 의미이기 때문이다. 따라서 이 믿음의 토대는 어느 한쪽에게만 도움이 되는 일이 아니라 전체 조직 차원에서도 분명히 긍정적인 방향으로 작용한다. 조직 내에서 문제가 일어나고 실수가 있는 것은 상시적인 일이다. 중요한 것은 그것이 얼마나 팀원들 간의 협조를 통해 빨리 해결되고 다음 단계로 나아갈 수 있는가 하는 점이다. 만약 담당자들이 이 문제를 가지고 싸움만 하고 있다면 조직의 차원에서도 손해가 아닐 수 없다.

'직장 내에서 적을 만들어서는 안 된다'는 개인적인 처세의 문제이기도 하지만 조직의 문제에서도 상당한 중요하다. 앞에서 언급했던 세 가지 레벨의 방법론은 적을 친구로 감싸 안고 적의를 누그러뜨릴 수 있는 중요한 방법이다. 또한 회사 역시 각 구성원들이 적이 될 수 있는 상황이나 시스템을 최대한 빨리 수정하는 한편, 모든 문제를 합심해서 해결하려는 분위기를 조성해야 한다.

승진의 문제는 '업무능력'에 '플러스 알파'가 있어야 한다

직장인이라면 누구나 승진을 원할 것이다. 모두 하루 빨리 지금의 직급보다 더 빨리 승진해서 더 많은 월급을 받고 사내에서의 영향력도 키우고 싶어 한다. 승진은 단지 직급과 월급 상승의 문제만이 아니다. 그것을 통해서 내적 자신감과 당당함을 키우고 자기 정체성을 더욱 확고하게 할 수 있기 때문이다.

대부분의 사람들은 승진을 하기 위해 '일을 잘해야 한다'고 생각한다. 뛰어난 능력을 가진 자만이 보다 높은 직급에 갈 수 있다고 생각하기 때문이다. 물론 틀린 말은 아니지만 오로지 '뛰어난 능력'만으로 승진이 되지 않는다. 그것은 바로 승진에 '상사'가 개입해 있기 때문이다. 상사도 사람이라서 모두 스타일이 틀리다. 어떤 스타일에는 "일을 잘한다"고 평가받을 수 있는 것이 또 다른 스타일에 가서는 "일을 못한다"는 평가를 받을 수 있다. 일이 향해 있는 궁극적인 목표는 같다고 하더라도 어떤 길을 가느냐에 대한 가치평가가 다를 수 있기 때문이다. 바로 이 점이 일할 때 '상사의 스타일'을 감안해야 하는 이유이고, 이는 승진을 하는 데 있어서 매우 중요하고 효율적인 계기가 될 수 있다. 단적으로 말하자면 아무리 열심히 일하고 노력한다고 해도 그것이 상사의 스타일에 맞지 않는다면 승진은 느려질 수밖에 없고, 같은 노력을 해도 '상사에게 맞는 노력'을 하게 되면 승진 시간은 단축될 수 있다.

QA팀의 강 부장은 초기 입사부터 과장 때까지는 승진이 상당히 빠른 경우였다. 한 직급이 올라가는 데 걸리는 시간은 대략 4년에서 6년이다. 하지만 강 부장은 4년 만에 과장이 되었다. 동기들보다 앞서 나가는 것은 당연한 일이었다. 그런데 과장에서 차장으로 올라가는 데는 6년을 꽉 채우고 지나갔다. 그 후 그는 미국 법인으로 파견을 나가게 됐다. 그런데 외국 파견은 인사고과가 상대적으로 떨어지게 된다. 외국 파견 자체가 '수당도 많이 받고 여유로운 외국 생활을 누린다'는 인식이 있고 또 임원 주위에 항상 머물고 있는 본사 직원들을 임원이 먼저 챙기게 되기 때문이다. 하지만 놀랍게도 강 부장은 미국 파견 1년 만에 차장으로 승진하는 기염을 토했다. 4년의 시간을 1년으로 단축시킨 것이다. 이 놀라운 일은 과연 어떻게 이루어진 것일까?

물론 그가 달성해낸 성과 자체가 일단은 대단한 일이었다. 멕시

코 법인에서 항상 문제가 되었던 품질을 파견 6개월 만에 잡아냈기 때문이다. 하지만 그것이 '승진의 비밀'의 전부는 아니었다. 그는 상사가 가지고 있는 스타일을 정확하게 잡아내고, 그가 부족한 부분을 해소함으로써 빠른 승진을 할 수 있었다. 원래 한국에서 임원들이 오면 외국 법인장이 함께 골프도 치면서 동행해주어야 한다. 하지만 당시 강 부장의 상사는 그 문제로 골치를 앓고 있었다. 골프를 잘 하지도 못했고 그리 좋아하지도 않았기 때문이다. 그렇다고 골프를 못 친다고 말하는 것도 쉽지 않은 일이었다. 그래서 그 상사는 한국에서 임원들이 온다고 하면 그때부터 끙끙 앓는 경우가 한두 번이 아니었다고 한다.

이러한 문제를 깔끔하고 명쾌하게 해결해준 것이 바로 강 부장이었다. 그는 한국에서 임원들이 올 때마다 이 문제를 해결해주었으니 상사에게 귀여움을 받을 수밖에 없었다. 결국 파격적으로 단 1년 만에 차장으로 승진했고, 한국으로 돌아오기 1년 전에 또다시 부장으로 승진했다. 강 부장은 과장에서 차장으로 올라가는 데 허비했던 시간을 모두 원점으로 되돌리고 '초고속 승진'의 대명사가 될 수 있었다.

즐기는 사람은 아무도 못 당한다

안 차장의 경우도 마찬가지였다. 그는 명문대를 졸업했지만 처음 대리로 승진할 때는 동기에 비해 1년이 늦었고 이렇다 할 두각을 나타내지도 못했다. 결국 고민 끝에 그는 새로운 팀장이 오는 것을 계기로 환골탈태하기에 이르렀다. 팀장의 특성과 그가 좋아하는 업무 스타일을 낱낱이 파악한 안 차장은 그것에 맞춰 자신의 업무능력을 올인했다. 밤을 새우는 일도 많았고, 현장의 정보에 관심을 세웠던 팀장을 위해 출장도 다니면서 끊임없이 노력했다. 그 결과 일반적으로는 과장을 지나 차장이 되어서야 지점으로 파견되어 지점장이 될 수 있는데, 조 차장은 팀장의 강력한 지지를 얻어 대리급에서 곧바로 지점장이 될 수 있었다.

그러나 무엇보다 전설적인 사람은 다름 아닌 주 상무님이다. 그는 '윗사람이 원하는 것'을 정확하게 파악했고, 그것을 위해 다양한 노력을 기울였다. 상사가 자신이 있는 지역으로 출장을 올 때면 그분의 관심사를 미리 파악한 다음 관련 뉴스를 미리 모아 상사의 방에 넣어주기까지 했다. 또한 주 상무님은 유럽 주재원으로 일한 뒤 한국으로 돌아오기 직전에 자신의 자리를 대신해 새로 오는 후임자에게 '보물' 하나를 남겼다. 그 보물을 낡고 오래된 수첩이었다. 거기에는 출장을 왔던 임직원들이 어떤 것에 관심이 있고 무엇을 좋아하는지에 대한 내용이 일목요연하게 정리되어 있었다고 한다. 사소하게는 좋아하는 음식과 술에서부터 업무 스타일과 성격, 그리고 관심사 등 모든 내용들이 들어 있었던 것이다. 낡은 수첩이 남들은 도저히 따라갈 수 없었던 주 상무님의 초고속 승진의 비밀이었던 것이다.

그러나 상사의 스타일만 맞춘다고 해서 승진의 문제가 전부 해결되는 것은 아니다. 우선 가장 기본적으로는 업무에서의 성실성이 뒷받침되어야 한다. 국 부장은 윗사람이 부르면 단 5초 만에 "예! 상무님" 하면서 자리로 쫓아가는 사람이었다. 그렇게 윗사람의 비위도 잘 맞추었지만 업무에서의 디테일이 떨어졌고, 정보 파악력에서도 그 정확도가 떨어진 경우가 몇 번 있었다. 상사에게 반항하는 사람보다는 높은 평가를 받았지만 정말로 일을 잘하는 사람보다는 낮은 평가를 받을 수밖에 없다.

결국 빠른 승진이라는 것에는 업무능력이 필수적이지만, 또한 그것만이 전부는 아닌 것이다. 또한 이처럼 상사의 스타일을 맞추는 일은 억지로 하겠다고 생각해서 되는 일이 아니다. 최대한 상사와 있는 시간을 즐겨야 하고, 또한 승진에 대한 강렬한 욕구가 있어야 하는 것도 사실이다. 이 두 가지가 잘 조화되었을 때 상사의 스타일에 맞춰서 일할 수 있고, 또한 그것이 힘들거나 어렵지 않게 된다. 결국 '즐기는 자'를 당할 수 있는 사람은 없기 때문이다.

나라별 비즈니스 스타일

외국 출장을 자주 나가다 보니 이제 약간씩은 나라별 비즈니스 스타일을 알게 된다. 물론 나보다 더 많은 외국 경험을 통해서 관련 지식을 쌓은 이들도 있을 것이다. 여기에서는 기본적인 것만 언급해보자.

- **미국** _ 미국은 통상적으로 '논리적인 관계'를 요구하는 경우가 많다. 이는 맺고 끊음이 정확하고 약속한 것에 대해서는 상대가 철저하게 지켜주길 기대하는 것이다. 만약 이것이 지켜지지 않았을 때 그들은 불평하거나 잔소리하기보다 아예 패널티를 매기는 방법을 선호한다. 업무 분위기도 한국보다 자연스러워 보이지만, 위계질서가 분명해 상사가 하는 말에 철저하게 순종한다. 조직 운영도 한국에 비해 인간적으로 운영되는 면이 부족해 전체나 부서 회식 등이 상대적으로 적고 문제가 생기면 인원을 빠르게 정리하는 양상을 보인다. 그래서 같이 일하는 것이 쉬워 보이기도 하지만, 항상 속으로는 긴장하고 이성적으로 접근할 필요가 있다.

- **독일** _ 독일의 경우도 깔끔하고 깨끗한 비즈니스를 원한다. 하지만 미국보다는 좀 더 '원칙'을 선호하는 경향이 강하다. 유연하고 순발력 있게 상황에 대처해나가는 방법보다는 애초의 계약, 원래 이야기했던 원칙들이 정확하게 적용되기를 원하는 것이다. 일에 대해 대단히 엄격하며 서로의 사생활을 침범하지 않고 자기만의 영역을 굳게 지킨다. 모든 일 처리에 있어 맺고 끊음이 정확한 사고가 제품 제작 등에도 반영돼, 정밀기계 부품에 경쟁 우위가 있으며, 독일 명차들을 보면 장인정신이 살아 있음을 느낄 수 있다.

- **일본** _ 일본은 '장인정신'을 매우 높게 평가하고 그것을 기반으로 비즈니스를 하길 원한다. 즉, 자신이 맡은 일에 대해서는 자신의 자부심을 걸 수 있을 정도의 결과물을 원한다는 이야기다. 하지만 민족적 특성인지는 몰라도 일을 하면서도 가끔씩은 서로 술 한잔하는 여유를 기대하는 경우가 많다. 지나치게 일만 따지는 '논리적인 관계'을 넘어서는 관계를 요구한다는 이야기다. 그러나 상대적으로 한국인과 정서적으로 비슷한 부분이 많아 일단 어느 정도 신뢰가 쌓이면 이를 바탕으로 사업을 지속시킬 수 있다.

- **중국** _ 중국은 좀 특이한 스타일을 보여준다. 비즈니스 이전에 이른바 '관시(關係)'라고 불리는 일종의 '관계'가 형성되어야 한다. 그렇기 때문에 관계가 형성되지 않으면 비즈니스도 좀처럼 쉽지 않다. 이 관계에는 다양한 것이 포함된다. 함께 술을 마시는 것, 식사를 하는 것, 그리고 상대방의 마음을 열어 보이는 것까지 모두 속한다. 따라서 중국 비즈니스에서는 어느 정도의 시간이 걸린다는 점을 필히 감안해야 한다. 하지만 때로 중국인들은 주문을 해

놓고도 최종적으로 가격이 맞질 않으면 제품을 가져가지 않는 경우까지 있기 때문에 끝까지 마음을 놓을 수 없다. 큰 나라 국민이라는 자부심이 강하고 거래량이나 스케일 면에서 확실히 대국이라는 생각을 갖게 된다. 해외 교포의 특성상 조선족은 한국인과 중국인의 특성을 다 갖는데, 최근 중국 경제 성장과 더불어 영향력이 커진 조선족들도 많다.

네트워크를 만드는 데는 '줄타기'가 필요하다

직장인이라면 누구나 '네트워크'의 중요성에 대해 알고 있을 것이다. 특히 자신의 능력이 어느 정도 '경지'에 이르렀다고 생각하는 사람들일수록 네트워크의 중요성을 더욱 인식하게 마련이다. 네트워크란 일종의 '파도타기'와 같은 것이라고 볼 수 있다. 자신에게 있는 것이라곤 오로지 무거운 서핑보드뿐이지만, 그것이 파도를 만나면 순식간에 수십 km를 전진해나가기 때문이다.

또한 직장인에게 네트워크란 일종의 '정보의 보고'라고도 할 수 있다. 실제 직장생활에서 필요한 대부분의 '의미 있는 정보'는 인터넷을 통해서 얻기가 힘들다. 실제 고객과의 접점에 있는 타 직무의 사람들, 혹은 해당 분야에서 오랜 경험을 가지고 있는 선배들을 통해서 진짜로 업무에 도움이 되는 정보를 얻을 수 있다.

그런데 대부분의 직장인들이 이러한 네트워크의 중요성을 알면서도 정작 네트워크를 형성할 때의 '줄타기'에 대해서는 제대로 알지 못하는 경우가 많다. '네트워크의 줄타기'란 사실 얼마나 정교하게 '기브 앤드 테이크'를 해내느냐에 달려 있다고 해도 과언이 아니다. '기브'만 하게 되면 계속해서 손해를 본다는 느낌에서 더 이상 상대방과 거래를 하고 싶지 않고, 그렇다고 눈치 없이 '테이크'만 계속하게 되면 이 역시 상대방이 나를 꺼리는 요인이 된다. 그런데 실제로 많은 직장인들이 '나의 네트워크'라고 생각하면서 지나치게 '테이크'만 하는 경우를 자주 보게 된다. 한 번 도와주면 두 번 도와달라고 하고, 두 번 도와주면 세 번 도와달라고 요청하는 것이다.

삼성에서 일할 때는 관계사와 함께 일하는 경우가 무척 많다. 보험을 가입하거나 물품을 구매할 때도 그룹 내 계열사 제품을 주로 사용하기 때문에 여러 가지 네트워크가 확장될 가능성이 많다. 하지만 '관계사'라는 것 때문에 오히려 더 기브 앤드 테이크의 줄타기를 제대로 하지 못하는 가능성이 높아지게 된다.

'기브 앤드 테이크'의 적절한 균형을 찾아라

삼성SDI에서 생산하는 PDP 패널에는 필수적으로 필터가 붙게 되어 있다. 그러다 보니 자연스럽게 필터를 생산하는 삼성의 한 관계사와 함께 일하게 됐다. 그 관계사의 경우 L사, S사와 치열한 경쟁 관계에 놓여 있었다. 그러다 보니 삼성SDI의 PDP 사업부문이 자신들의 판매 확대를 위한 상당히 중요한 역할을 점하고 있었던 것이다. 그래서 당시 관계사의 임원급 사업부장과 그룹장까지 SDI를 방문해 자사의 판매확장에 힘을 실어달라고 도움을 요청하기도 했었다. 그런데 문제는 실무진에서 발생하기 시작했다. 당시 관계사에서 유럽 거래선을 담당하던 오 과장은 다른 회사에서 해외 마케팅을 담당하다 경력사원으로 삼성에 입사한 경우였다. 오 과장은 우리에게 유럽고객사에 자신들의 필터가 들어갈 수 있는지에 대한 개발 일정을 확인해달라고 했다. 처음 하는 부탁일 뿐만 아니라 우리와는 어차피 협력관계일 수밖에 없으니 원하는 일정에 맞춰 개발 일정을 확인해주었다. 그러자 이번에는 다음 번 유럽출장을 갈 때 자사의 필터를 소개할 수 있는 일정을 잡아달라고 했다. 역시나 이 부분은 삼성SDI에서 잘 알고 있는 일이니 이 부탁도 들어주었다. 그런데 이런 요청이 끊이지 않고 이어졌다. 다음번에는 삼성SDI의 다른 신규 거래선 중에서 필터 판매를 할 수 있는 가능성이 있는 회사들을 소개해달라고 했다. 이쯤 되니 서서히 괘씸하다는 생각이 들기 시작했다. 우리가 그 관계사와 직접적인 연관이 있는 것도 아니고 거기다가 그 부탁을 들어준다고 해서 우리 회사나 그룹에 이익되는 일이 생기는 것도 아닌 상황에서 계속해서 부탁을 하니 '이건 아니다'는 생각이 들었다. 결국 그를 따로 불러서 조용히 이야기를 했다.

"관계사에서 판매확장에 드라이브를 걸었으니 마음이 급한 건 잘 알겠다. 하지만 그래도 이건 아니지 않은가. 내가 관계사에서 돈을 받는 것도 아닌데 계속해서 하인 부리듯 심부름만 시키면 일을 하는 사람이 무슨 낙으로 계속해서 도와주겠는가. 물론 관계사의 임원들도 좀 도와달라고 말씀을 하셔서 도와주기는 하겠다. 그런데 회사 차원에서 보상도 못하는 상황에서 하다 못해 개인적으로 소주라도 한잔 사는 게 일하는 방법이 아니겠는가. 나야 어차피 그룹 내 관계 사이기 때문에 사실 따지고 보면 큰 문제는 없겠지만 다른 사람들과 일할 때 그런 식으로 하면 절대로 안 된다.”

나의 조언을 진심으로 받아들인 오 과장과는 비즈니스가 끝난 후에도 가끔씩 연락을 주고받으며 좋은 관계를 유지해나갔다.

사실 인적 네트워크의 핵심은 새로운 사람을 계속해서 알아나가는 것이 아니다. 그것은 인맥을 ‘걸치는 것’일 뿐, 사람의 숫자가 중요한 것은 아니라는 이야기다. 그러니 핸드폰에 얼마나 다양한 직업을 가진 많은 사람이 기록되어 있는가가 관건은 아니라는 것이다. 중요한 것은 걸쳐 있는 인맥을 촘촘하게 묶고 탄탄하게 만들어가는 과정이다. 이러한 과정에서 필수적으로 중요한 것이 바로 ‘기브 앤드 테이크의 줄타기’이다. 앞서 언급했던 오 과장의 경우 비록 나중에 변하기는 했지만, 이러한 줄타기에 익숙하지 않았던 전형적인 사례라고 할 수 있다. 물론 오 과장이 그렇게 할 수 있었던 것도 나름의 이유는 있다. 임원진에게 “삼성SDI가 도움을 주기로 이야기가 끝났다”는 말을 듣고 별 생각 없이 계속해서 도움을 요청을 했을 수도 있다. 하지만 그것이 실무진의 업무에서는 좀 다른 차원의 것이 된다.

실제 일을 하는 사람들의 관계에서는 '기브 앤드 테이크'가 좀 더 첨예한 문제로 작용하게 되고, 이것이 적절한 균형을 잃어버렸을 때는 급기야 더 이상 상대방에게 도움을 주지 않으려는 형태로 나타나게 되는 것이다. '기브 앤드 테이크의 줄타기'는 네트워크의 확장과 공고화에 있어서 매우 중요한 문제임을 반드시 명심해야 한다.

상황을 장악하는 강력한 영향력

그렇다면 이 '줄타기'는 어떻게 하는 것이 가장 현명한 일일까? 물론 세상에 이에 대한 비법을 가진 사람들은 수없이 많이 있겠지만 주로 내가 활용하는 방법을 소개할까 한다. 우선 '기브 앤드 테이크의 줄타기'의 방법은 바로 '기브 앤드 테이크'라는 말 자체에 해답이 들어 있다. 전 세계 그 어느 나라에서도 '테이크 앤드 기브'라는 말을 사용하지는 않는다. 이는 서로간의 관계에 있어서 '먼저 주는 것'이 얼마나 중요한지를 알려준다고 할 수 있다. 우선 나의 경우에도 최대한 먼저 주는 사람이 되려고 노력한다. 이것이 중요한 이유는 상대가 달라고 했을 때 주는 것이 아니라 미리 살펴서 '달라고 하지 않을 때지만 필요하다고 생각되면 주는 것'이 더욱 중요하다. 실제의 '줄타기'가 미세한 몸의 균형에 의해서 성공과 실패가 결정되듯이, 기브 앤드 테이크의 줄타기 역시 이러한 미묘한 차이점이 결과에 적지 않은 영향을 미치는 것이 사실이다.

그런데 달라고 요구하지 않아도 먼저 주는 것은 평소의 관찰력이 무척 필요한 부분이라고 할 수 있다. 필요하지도 않는데 주는 것은 '선심'에 불과하고 네크워크의 확장에 도움이 되지 않는다. 가장 시의적절하게 원하는 것을 주는 센스가 바로 이러한 '줄타기'의 성패를 결론짓는 중요한 요소라고 할 수 있다.

상대가 후배들일 경우에는 해당 업무에 적절한 조언을 하곤 한다. 사실 후배들의 업무야 다 내가 과거에 해봤던 업무이기 때문에 어느 정도는 맥락을 꿰고 있다. 후배가 먼저 나서서 도움을 요청하지 않을 때도 간단한 커피타임에 요즘 하는 업무가 무엇인지를 물어본 후 핵심적인 부분을 찔러주게 되면 후배에게는 무척 큰 도움이 된다. 당연히 내가 나서지 않아도 탄탄한 인적 네트워크로 묶일 가능성이 높아지게 되는 것이다. 물론 이러한 방법은 선배들에게도, 상사에게도 마찬가지로 적용되는 룰이라고 할 수 있다. 상사에게라면 무엇을 명령하기 전에 그것을 앞서서 실천하는 것이 바로 기브의 대표적인 사례라고 할 수 있을 것이다.

사실 상사가 시킨 것을 하는 것은 직장인들에게는 '기본'에 속하는 일이다. 더 나아가 이것은 '누구나 하는 일'에 불과하다. 뭔가 상대의 기억에 임팩트를 심어주는 강력함이 없다는 이야기다. 그러나 명령하지 않은 일을 앞서서 하게 되면 상사에게 깊은 인상을 심어주고, 그 결과 상사는 나중에 뭔가라도 더 나를 위해 챙겨줄 수 있는 사람이 될 수 있다.

여기에서 짚고 넘어가야 할 것은 기브 앤드 테이크에 대한 일종의 심리적인 부담감이다. 많은 사람들이 이 '기브 앤드 테이크'를 두려워하는 이유는 '먼저 줬는데 나중에 받지 못하면 어떻게 하지?'라는 걱정 때문이다. 자신이 손해 보는 느낌, 그래서 바보가 된 듯한 느낌이 싫기 때문이다.

이러한 부분이 바로 그간 '기브 앤드 테이크'가 많은 공격을 받아온 근거가 되기도 했다. 상업에 있어서는 철저하다고 알려진 유대인들의 경우 아예 이 말에서 '기브' 자체를 없애버렸다. 그들은 '기브 앤드 테이크'가 아니라 '테이크 앤드 애스크 포 모어(take and ask for more)'이다. 받고 나서도 더 달라고 요구하는 뻔뻔스러움이 유대인의 상업법칙에 녹아 있다. 하지만 최소한 여기에서 '손해'라는 개념은 없다. 일단 테이크한 것이 '이익'이 되었으니 설사 '애스크 포 모어'를 한 후 그것이 되지 않더라도 손해는 전혀 없는 것이다.

이런 부분에 있어서는 기브 앤드 테이크가 가지고 있는 '영향력'이라는 부분을 곰곰이 생각해볼 필요가 있다. 사실 내가 생각하기에는 이 기브 앤드 테이크가 주는 가장 강력한 효과는 '내가 먼저 줬으니 상대방도 나에게 주지 않겠어?'라는 막연한 기대감이 아니다. 만약 이것이 기대로 끝나게 되면 상대가 그 기대를 만족시켜주지 않아도 '혼자서 기대한 것'에 불과하기 때문에 딱히 상대방에게 뭐라고 할 수도 없고, 그러니 이것이 자연스럽게 속앓이를 하는 손해가 된다.

진짜 기브 앤드 테이크의 위력은 기대가 아니라 상대방과의 관계에 있어서 상황을 장악하는 '영향력'을 가지게 된다는 점이다. 후안

무치한 사람이 아니라면 상대가 먼저 자신에게 도움을 주었다는 것쯤은 충분히 기억하게 마련이고, 이는 '고마움'으로 변하게 된다. 이러한 '고마움'이라는 것을 두고 누가 우위에 있느냐는 영향력을 따진다는 것이 좀 그렇기는 하지만, 현실적인 측면에서는 '누가 먼저 도움을 주었나'를 분명히 하는 것이 사안을 좌지우지하는 심리의 법칙이 될 수 있다는 점을 명심해야 한다.

부하를 리드할
강점을 가지고 있는가?

이번에는 상사와 부하의 관계 정립에 대한 이야기를 해보자. 상사의 입장에서는 '좋은 부하'를 만나는 것이 일종의 '복'이라고 할 수 있다. 뛰어난 후배가 들어오면 자기 자신도 열정과 패기로 재무장할 수 있을 뿐만 아니라 후배의 저돌적인 약진이 팀 전체에 활력을 불어넣고 팀의 성과에도 적지 않은 영향을 미칠 수 있기 때문이다. 하지만 일부 직장인들은 '좋은 후배를 만나는 것은 마치 좋은 부모를 만나는 것과 마찬가지로 우연에 의한 것이다'라고 생각한다. 물론 틀린 말은 아니다. 자식이 부모를 선택할 수 없듯이 상사는 자신의 부하를 일방적으로 선택할 수가 없다. 그런데 문제는 자신의 팀에 배정된 후배가 '좋은 후배'가 아니었을 경우에 발생한다. 그럴 때 그저 '운'을 탓하고 있을 수만은 없다. 하루하루가 치열한 상황에서 운만 탓하며 후배를 방치하는 하는 것은 결국 제 살을 깎아먹는 것과 마찬가지이기 때문이다. 그래서 많은 상사들은 '후배 컨트롤'에 상당한 골머리를 썩기도 한다. 때로는 독하고 강하게 다루기도 하고, 때로는 술 한잔 사주며 달래고 어르는 전법을 쓰기도 한다. 물론 후배라는 한 '인간'을 다루는 데 있어서 정답은 있을 수 없다. 그러나 경험한 바에 의하면, 후배를 다루는 데 있어서 '반드시 필요한 것'은 있다. 그것이 없을 때는 소위 상사의 '말빨'이 먹히지 않을뿐더러 상사가 강하게 나가면 나갈수록 반항심까지 유발하는 경우도 있다.

박모라는 사원이 있었다. 어렸을 때 미국에서 살았던 적이 있었고 명문 고등학교를 나왔을 뿐만 아니라 미국에서 대학까지 졸업했다. 우선 영어에 있어서는 타의 추종을 불허했다. 거기다가 나름 의욕까지 발휘하면서 일했기에 해외 비즈니스에서도 나름대로의 한 축을 담당하며 중요한 역할을 수행해내고 있었다. 처음에 그는 상사의 말을 잘 따르며 일을 추진하곤 했는데, 어느 순간 갑자기 눈에 띄게 반항적으로 변하더니 더 이상 조직 내에서 컨트롤할 수 없을 정도로 바뀌었다. 업무협조도 잘 되지 않았고 시키는 최소한의 일 이외에는 더 이상 알아서 하려고 들지 않았다. 팀원들 간에 의사소통의 문제가 생기는 것은 물론이고 일의 진행에 있어서도 삐걱거리는 경우가 많았다. 그런데 문제는 박모군의 아버지가 삼성과 비즈니스 관계가 있는 대기업 부사장까지 지냈다는 것이다. 팀원들 사이에서는 속칭 '상무급 사원'이라는 약간의 비아냥섞인 이야기까지 나올 정도였다. 그런데 의아했던 것은 왜 그가 갑자기 그렇게 변했냐는 것이다. 사내에는 여러 가지 이야기가 있었지만 "그가 부서장에게 심각하게 혼이 난 이후 급속도로 회사 생활의 스타일이 바뀌었다"는 이야기가 유력했다.

부서장도 나름대로 상사로서의 능력을 발휘하고 있었지만 안팎에서 "뛰어나다"는 평가를 들을 정도는 아니었다. 어쩌면 박모군은 자신의 유창한 영어 실력과 능력이 부서장보다 더 낫다고 생각했을지도 모른다. 그런 그가 부서장에게 심하게 혼이 났으니 마치 청소년기의 일탈처럼 비뚤어진 회사 생활을 했을 수도 있다. 그 모습이 안타까워 그와 이야기도 많이 하고 배려도 해보았지만 도통 변할 기미를 보이지 않았다. 결국 조직개편을 통해서 박군은 다른 팀으로 가게 됐고 그 뒤 삼성을 떠났다는 이야기를 듣게 됐다.

물론 그 모든 과정의 궁극적인 책임은 박군에게 있다. 그러나 일종의 '계기'는 부서장에게도 있을 수밖에 없다. 후배 사원을 잘 리드하고 통솔하기 위해서는 후배보다 월등한 무언가가 있어야 한다. 바로 그 점이 후배를 압도하고, 후배의 존경과 충성을 이끌어내 팀원 전체가 화합될 수 있다. 업무에서 탁월하든지, 아니면 외국어 실력이 뛰어나든지, 이도 저도 아니라면 인적 네트워크라도 탄탄해야 한다. 후배의 입장에서는 '저 상사의 말을 들으면 뭔가 반드시 내가 발전할 것이 있겠구나!'라는 느낌이 들어야 한다는 이야기다. 미국 출장 당시 해외 비즈니스 파트너에게 들은 이야기가 있다. '창의성을 대표하는 시대의 아이콘' 스티브 잡스에 대한 이야기였다. 사실 스티브 잡스는 성격이 무척 괴팍하다고 한다. 돌출행동도 많이 하고 부하들에게 존경받지 못할 일도 적지 않았다고 한다. 그런 스티브 잡스에게 뛰어난 것이 있다면 부하직원들에게 다음과 같은 강한 확신을 들게 한다는 것이다.

"내가 저 사람과 일하면 반드시 배울 것이 있고, 성공의 길로 들어갈 수 있을 거야!"

부하가 스스로 이러한 강한 확신을 하게 되면 스티브 잡스가 가지고 있는 모든 부정적인 면은 뒤로 감춰지고 오로지 존경과 충성으로 일에 매진을 하게 된다는 것이었다.

부하와 상사 간에 신뢰와 믿음을 구축하라

상사가 부하에게 주어야 할 것은 바로 '나와 함께하면 반드시 너는 배울 것이 있으니 나와 함께 가자'는 것이다. 이것을 카리스마라고 표현할 수도 있겠지만, 좀 더 디테일하게 표현해보자면 '이미지가 중심이 되는 카리스마'가 아니라 '콘텐츠가 만들어내는 카리스마'라고 할 수 있을 것이다. 이것이야말로 '좋은 후배가 왔으면 좋겠다'는 바람과 그것의 결과를 '운'에 맡기지 않고 상사 스스로가 후배를 컨트롤하고 통솔할 수 있는 강력한 방법 중 하나일 것이다. 자신과 일할 때 미래의 비전을 줄 수 있는 상사, 무언가 단 하나라도 배울 것이 있는 상사가 되는 것이 후배를 야단치고 달래고 어르는 일보다 훨씬 집중력 있고 효율적인 방법이다.

물론 아무리 상사가 이러한 능력을 갖췄다고 하더라도 결과적으로 통제가 되지 않는 부하직원이 생기는 것이 사실이다. 이럴 때는 부하를 교체하는 최후의 방법이 있다. 자신보다 높은 상사에게 건의해서 부하직원을 다른 팀으로 보내고 새 팀원을 보충하는 방법이다. 그런데 이렇게 하기 전에는 반드시 필요한 것이 있다. 그것은 바로 부하직원의 교체를 역설하는 '나'와 나의 '상사' 간의 신뢰와 믿음의 구축이다. 만약 이것이 없을 경우에 오히려 '나'는 의심의 눈초리를 받기 쉽다. 괜한 사내정치를 펴나가려는 것처럼 보이기도 하고 본인의 의도와는 다르게 왜곡되는 경우가 생길 수도 있다. 만약 이러한 신뢰와 믿음이 구축되어 있지 않다면 어느 순간까지는 참아야 할 필요성도 있다. 더욱이 말하는 당사자 보다 후배가 더 상사에게 신뢰를 받고 있다면 관계는 역전에 이르기도 한다. 상사가 괜히 후배를 '악평'한다는 이야기가 나올 가능성도 전혀 배제할 수 없다는 뜻이다.

'좋은 상사-좋은 후배'의 관계는 그리 쉽게 만들어지는 것이 아니다. 이것이 쉬운 일이었다면 수많은 상사들의 고민거리가 한방에 해결될 것이고 더 이상 사내에서 인간관계의 문제도 발생하지 않을 것이다. 따라서 후배와의 관계의 문제는 그만큼 중요한 이슈라는 점을 각인하고, 이를 해결하고 좋은 관계를 유지해나가기 위해서 다방면의 노력을 기울여야 할 것이다.

삼성 4년차

가장 중요한 업무의 핵심으로 진입해 조직을 이끌다!

■ 업무 숙달의 상태

삼성의 경우 대략 4년차를 마치고 대리로 승진한다. 하지만 일부 관계사의 경우 4년 후에 대리가 되는 확률이 60~70%인 경우도 있다. 따라서 입사 후 4년이 지났다고 하더라도 대리가 되지 못하는 경우는 비일비재하다. 일단 대리가 되었다는 것은 이제 완전히 업무의 핵심으로 진입했다는 의미다. 혹자는 대리를 '대신하는 자리'라고도 말한다. 과장도, 부장도, 사장도 대신할 수 있다는 의미이기도 하다. 따라서 가장 많은 일을 할 때이며 조직의 중간에서 허리 역할을 한다.

■ 4년차 때 배우게 되는 일들

일단 회사에 관한한 기본은 충분히 파악하고 있기 때문에 임원의 성향에 맞춰서 보고서의 미묘한 톤을 조절한다든지 보고서의 방향을 수정할 수 있게 된다. 만약 꽤 유능한 편에 속한다면 외국법인의 지점으로 공식적인 파견을 나갈 수도 있다. 4년차 정도가 되면 조직 내의 크고 작은 일들을 웬만큼은 겪어봤기 때문에 여러 가지 일에 대처할 수 있는 능력이 있다고 봐야 한다. 또한 고참 부장이나 임원을 직접 수행하면서 출장에 관련된 제반 업무를 단독적으로 지휘하고 가격안이나 전략자료를 본격적으로 작성할 수가 있다.

이때부터는 향후 회사에서 자신의 장래에 대해 깊이 고민하는 시기이기도 하다. 자신이 성장하기 위해서 어떤 라인에 서야 하는지를 생각해보지만 아직은 그리 능숙하게 판단을 내리지는 못한다.

또한 이때에는 조직이 본격적으로 직원을 판단해서 그 평가가 주변에 알려져 있는 상태이기도 하다. 만약 이것이 좋지 않을 때는 이를 뒤집기 위해서 많은 노력이 필요한 시기이기도 하다. 때로는 이제까지 자신이 조직에게 당한 것이 있기 때문에 새로온 팀원에게 텃새를 부리기도 하고 후배들을 강하게 키워야 한다는 명분하에 강도 높은 트레이닝을 시키기도 한다. 하지만 그와 동시에 '어떻게 하면 후배들을 잘 리드할까?'를 고민하기도 한다.

■ 4년차 때 반드시 배우고 넘어가야 할 업무 스킬

- 사업부서의 진행 업무를 총괄적으로 파악할 수 있는 능력
- 임원, 그룹장, 파트장의 취향에 맞춰서 보조할 수 있는 능력
- 고객이나 타 부서로부터 다른 이들에게는 알려지지 않은 정보를 확보하고 활용할 수 있는 능력

■ 4년차 때 숙달해야 하는 양식

- 고객과 격의 없이 주고받는 이메일 및 전화 통화
- 문제(고객의 클레임 등) 해결을 위한 협상 자료나 이메일 작성
- 후배들을 도와주기 위한 업무 매뉴얼

5장 삼성 5년차 Dream STEP

나만의
성공신화 를 위한
'나 3.0'

꿈꾸는 사람들에게는 한 가지 공통점이 있다. 그들은 '현재'를 살지 않고 '미래'를 살아간다는 점이다. 이것은 그들이 아직 이뤄지지 않은 '몽환'을 헤매고 있다는 이야기가 아니다. 미래의 명확한 비전이 현재의 나를 절제하게 하고 자가 발전하게 하며, 두려움과 어려움을 뚫고 나가게 한다는 것이다. 이들은 자신에게 주어진 문제들을 '난제'라고 생각하며 골머리를 앓는 따위의 일은 하지 않는다. 모든 것을 기꺼이 받아들이고 그것을 자기 발전의 계기로 삼는 것이다. '나'를 넘어서는 '나 3.0'은 과연 어떻게 만들어질까?

절제는 도 닦을 때 하는 것이 아니라 회사 다닐 때 하는 것이다

성공한다는 것, 그래서 그 무엇인가를 성취해낸다는 것은 한편으로 그만큼의 '대가'를 치러냈다는 것을 의미한다. 성공의 과정에서 마주하는 고통과 절망을 이겨내는 대가를 치렀기에 성공할 수 있는 것이다. 그리고 누구에게나 인정받는 뛰어난 업무성과를 이뤄내기 위해서는 그 과정에서 겪게 되는 창의성, 효율성, 탁월한 문제해결 기술을 찾아가는 고통스러운 길을 마다하지 않았다는 이야기다.

"성공한 사람은 그 대가를 미리 치른 사람이고, 실패한 사람들은 그 대가를 나중에 치른 사람"이라는 말이 있다. 이 모든 대가들이 하나하나 모여서 거침없이 앞으로 나아가는 '전진의 힘'을 만들고 문제를 신속하게 해결하는 '파워 에너지'를 모아낸다.

이러한 대가를 기쁘게 치르기 위해서 반드시 필요한 자세와 태도가 있다. 그것이 바로 '절제'다. 절제는 수도승이나 스님들에게만 요구되는 덕목이 아니다. 오히려 성공을 원하는 직장인들에게 더욱 더 절실한 것이 바로 절제이다. 한 개인의 업무능력이라는 것은 단순히 '책상 앞에 앉아서 하는 일의 능력'만을 의미하는 것은 아니다. 그가 맺고 있는 회사 내 상사 및 부하, 동료와의 올바른 관계, 거래처와의 관계, 그리고 개인적인 사생활의 건전함과 그것에 대한 이미지까지 총체적으로 포함되는 것이 바로 업무능력이라고 할 수 있다.

만약 한 직원이 거래처에게 뇌물을 받았다면 그의 업무능력이 제대로 발휘될 수 있을까? 직장 상사에게 늘 아부하겠다는 생각만 가지고 있는 직원이 과연 혼신의 힘을 다해서 업무에 집중할 수 있을까? 매일 저녁 술을 진탕 마신 사람이 다음날 아침 맑은 정신으로 창의적인 업무를 수행할 수 있을까? 이러한 불미스러운 사태를 예방하고 자신의 업무능력을 파워업 할 수 있는 것이 바로 '절제'라고 할 수 있다.

직장인들이 가장 관심을 두어야할 절제의 항목은 '술, 섹스, 돈'이라고 할 수 있다. 일반적으로 '권력에 대한 추구'도 인생에서 주의해야 하지만 직장인들이 한순간에 권력을 잡기란 쉽지 않기에 이 항목은 배제해도 좋을 듯하다.

앞의 세 가지는 직장인들이 가장 받기 쉬운 유혹이며, 또한 그것과 결탁했을 때는 한순간에 자신의 업무능력이 저하되는 사태를 피할 수 없게 된다. 성공한 사람들, 일 잘하는 사람들이 유난히 자기 관리에 철저한 것도 바로 이런 이유 때문이다. 그들은 절제를 통해 유혹을 이겨냈기 때문에 공정하게 업무에 임하고, 확실하게 열정을 쏟아내며, 그 누구에게도 비굴해지지 않고 당당하게 일할 수 있는 것이다. '절제'와 '업무능력'은 별로 상관이 없어 보이지만, 그 이면의 고리가 단단하게 엮여 있는 동전의 양면과 같다.

자신의 능력과 위치를 스스로 인식하라

삼성에서 만난 사람들 중에 가장 절제를 잘했던 사람으로 두 명을 꼽을 수 있다. 술자리에서 절대로 흐트러지는 자세를 보이지 않는 안 과장과 이미 스스로는 노래와 춤을 '섭렵'한 사람임에도 불구하고 후배들을 위해 신나게 노는 모습을 보이는 염 지점장이다. 사실 술자리는 즐겁자고 하는 일이기도 하다. 그 와중에서는 어느 정도 풀어지는 모습을 보일 수도 있고, 또 어느 정도의 잘못은 용서되는 것도 사실이다. 하지만 안 과장과 염 지점장은 '술, 섹스, 돈'에 관한 한 철저하게 자기 자신을 관리하는 모습을 보여주었다. 그런 만큼 그들은 업무에서도 탁월한 실력을 보여주었다. 술을 절제했으니 다음날이면 어김없이 일찍 출근해 일에 몰두하는 모습을 볼 수 있었고, 돈과 뇌물에 관한한 그 어떤 구설수에도 오르지 않았다. 결국 이러한 절제의 능력은 자신의 업무능력을 날카롭게 만드는 최적의 조건이 되었고, 그들은 그 최적의 조건 속에서 자신의 능력을 최대한 발휘할 수 있었던 것이다.

　그렇다면 이제 다음으로 중요한 것은 '그럼 어떻게 절제의 능력을 기를 것인가?'라고 할 수 있다. 물론 이 부분을 논한다는 것은 상당히 어려운 일이기도 하다. 제각각 자라온 환경이 다르고 처해 있는 상황이 전부 틀릴 뿐만 아니라 성격과 스타일도 각각 다르기 때문이다. 하지만 한 가지 공통된 것이 있다면 그것은 다름 아닌 '가치'의 문제라고 할 수 있다. 과연 현재의 자신이 무엇에 중요한 가치를 두고 있는가가 현재 자신의 행동을 컨트롤할 수 있는 중요한 요소가 될 수 있다는 이야기다. 자신의 꿈과 목표를 지속적으로 생각하는 것도 절제력을 높이는 방법이다. 또한 자신이 신뢰하는 사람의 도움을 받는 것도 한 방법이다.

　앞서 이야기했던 염 지점장은 늘 "나는 내 아들에게 부끄럽지 않은 아버지가 되고 싶다"는 이야기를 했다. 또한 안 과장은 언제나 성공에 대한 집요한 열정을 불태웠다. 그들은 현재를 살지 않고 미래를 살았다. 미래를 통해서 현재를 조절하고 있었다는 이야기다. 또한 쾌락이 아닌 '진심'으로 살아갔다. 삶을 대하는 묵직하면서도 건강한 가치들이 그들에게 절제의 능력을 안겨주었던 것이다.

　또한 자기 정체성에 대한 규정도 이러한 절제에 적지 않은 영향을 미칠 수 있다. 직장인인 자신을 '월급을 받고 노동력을 파는 사람'이라고 생각해서는 안 된다. 여기에는 어떤 '가치'도 내재하지 않는다. '준만큼 받고, 받은 만큼 준다'는 단선적인 논리에서 '미래'를 찾아보기는 힘들다. 직장인은 '직장이라는 틀 속에서 자신의 능력을 키우고 이것으로 자기 발전의 계기로 만드는 것은 물론, 최종적으로 성공을 향해 달려가는 사람'이라고 스스로를 인식해야 한다. 여기에는 가치가 있고 미래가 있다. 이것을 자기 마음의 중심에 올곧게 세울 수 있을 때, 진정으로 자기 자신을 조절하는 절제의 능력을 체질화시킬 수 있을 것이다.

'생각의 흐름'을 멈추게 하는 '절제의 스킬'

나 역시도 오랜 직장생활을 하면서 술접대의 유혹을 접하게 될 때가 있었다. 그렇지만 지금 마시는 양주는 나중에 나에게 적지 않은 부담을 주는 청탁으로 이어지고, 지금 내가 즐기는 시간들이 결국에는 나를 괴롭게 할 것이라는 생각을 하게 되면 차라리 나중을 위해서라도 당장의 유혹에는 빠지지 않겠다는 결론이 자연스럽게 들게 된다. 당장 '지금'만 바라보면 즐겁지만 '나중'까지 생각하게 되면 결코 즐겁지 않은 것이 바로 유혹이라고 할 수 있다. 하지만 그렇다고 내가 모든 유혹을 이겨내는 그런 사람은 아니다. 때로는 별 생각 없이 받아들였던 것들이 나중에는 '접대'가 된 경우도 있었고 그럴 때마다 '조금 더 정신 차려야지'라는 후회를 한 적도 물론 있었다.

이런 과정을 거치면서 또 나름대로 '절제의 스킬'을 쌓아오기도 했다. 가장 대표적인 것이 '생각의 흐름'을 멈추게 하는 방법이다.

이것은 특정한 것에 대한 유혹이 시작될 때 순간적으로 그쪽으로 계속되는 생각을 그만두고 다른 곳으로 신경을 쓰게 하는 것이다.

유혹이란, 그것을 생각하면 생각할수록 더욱 더 끌리게 되는 강한 자성을 가지고 있다. 이는 유혹뿐만 아니라 다른 감정도 대개 비슷한 듯하다. 두려운 생각을 자꾸 하게 되면 더욱 두려워지고, 슬픔을 곰곰이 되씹어보면 더욱 슬프게 되는 것과 마찬가지다. 따라서 자신을 유혹하는 생각을 딱 멈추고 다른 곳으로 생각을 몰두해야 한다. 물론 이를 위해서는 어느 정도의 '결단력'이 필요하다. 끌리는 쪽으로 가는 생각을 붙잡아내고 순식간에 그것을 '그만두는 힘'을 발휘할 수 있어야 하기 때문이다.

직장인은 아니지만 이러한 절제가 어느 정도의 힘을 가지고 있는지를 알려주는 사례가 있다. 이것은 '절제'라는 덕목이 초기에는 자신에게 손해인 것처럼 느껴지지만 결국에는 더 큰 것을 얻고, 더 성공적인 직장생활을 하는 데는 오히려 큰 도움이 된다는 사실을 깨닫게 해준다. 바로 축구선수 A씨와 박지성 선수다.

A선수의 경우 초년병 시절부터 언론과 팬들의 엄청난 스포트라이트를 받았다. '천부적인 재질'을 타고났다고까지 말해질 정도였다. 그러나 그의 절제되지 못한 돌출적인 행동들이 하나둘씩 문제가 되기 시작하더니 어느 순간부터는 여자 연예인들과의 스캔들도 자주 나기 시작했다. 어떻게 보면 그 자신도 그런 것을 조금은 즐기는 듯했다. 하지만 박지성 선수의 경우는 초기에는 거의 스포트라이트를 받지 못했다. 스캔들은커녕 연예인과 친하다는 이야기조차 별로

듣지 못했다. 그의 생활은 늘 연습으로 일관되는 단순한 생활에 불과했다. 하지만 몇 년 후 그 둘의 결과는 큰 차이가 났다. 한 명은 대한민국 축구계를 이끌어가는 대스타로 성장했고, 또 한 명은 대표팀에서 줄곧 외면을 당했을 뿐만 아니라 이제는 축구팬들에게서조차 '존재감' 없는 선수가 되어버리고 말았다.

절제, 그것은 지금 당장 얻을 수 있는 그 무언가를 잃어버리는 것 같은 생각이 들지 모르지만, 실제는 보다 큰 것을 얻기 위한 사소한 손실에 불과한 것이다.

'자신만의 특기'란
영어와 업무능력만을
뜻하는 것은 아니다

자신이 목표하는 궁극적인 꿈을 이뤄가기 위해서는 자신만의 '특기'라는 것이 있어야 한다. 일반적으로 '직장인들의 특기'라고 한다면 탁월한 업무능력이나 영어 실력, 혹은 맡은 분야에 대한 전문적인 지식과 정보를 의미한다. 당연히 그것들도 '특기'에 속하겠지만 그런 외형적으로 드러나는 부분 이외의 또 다른 특기도 있다. 그것은 업무적인 특기가 아니라 '정신적인 특기'이며 외형적으로는 드러나지 않지만 외형을 압도하는 '내면의 특기'다. 많은 직장인들이 외형적인 특기에만 치중을 하는 나머지, 이 정신적이고 내면적인 특기를 도외시하는 경우가 적지 않다. 모든 것이 '성과와 결과'로 말해지는 직장생활에서는 어쩔 수 없는 부분이기는 하지만 때로는 정신적이고 내면적인 특기는 곤궁에 처한 자신을 구해내기도 하고, 외형적인 특기가 할 수 없는 강력한 추진력을 발휘하고 상황을 반전시키는 힘을 발휘하기도 한다.

지금부터 이야기하려는 김 박사는 퇴사해야 하는 처지에 있던 한 고졸 출신 사원이었다. 고등학교 졸업 후 삼성의 계열사에서 10년 정도 근무했던 그는 1997년 IMF 당시 구조조정을 당해야할 처지에 놓였다. 애초 물류팀 쪽에서 일해왔지만 회사의 방침에 따라 교육팀에 배치가 됐다. 하지만 대학을 나오지 못한 그가 교육팀에 배치되었다는 것은 곧 퇴사 권유라고 밖에 볼 수 없었다. 회사로서도 눈물을 머금은 결정이었지만 당시의 혹한을 이겨나가기 위해서는 어쩔 수 없는 일이었을 것이다.

그는 가족의 생계를 책임지는 입장이었기에 남들처럼 그리 쉽사리 사표를 내기도 힘들었을 뿐만 아니라, 자신이 자긍심을 가지고 다녔던 회사를 퇴사하고 싶지도 않았다. 교육팀에 적응해보려고 노력을 했지만 3개월간 아무런 업무도 맡지 못했다. 당시에 교육팀은 한 가지 심각한 문제점을 안고 있었다. 아무리 좋은 프로그램으로 열심히 교육해도 교육생들의 만족도가 높지 않았다. 교육생들은 교육 마지막 시간에 적어서 내는 교육평가서에 늘 '최하'의 점수를 주었던 것이다. 결국 교육 담당자는 성과가 나오지 않으니 종국에는 회사를 떠나는 경우가 허다했다. 김 박사가 처한 상황은 한마디로 최악이었다고 해도 과언이 아니다. 자신의 전문 분야와는 완전히 동떨어진 팀에서의 근무, 거기다가 이미 수많은 탈락자가 있었던 열악한 환경.

이제 그에게 남은 것은 자발적인 퇴사밖에 없는 듯했다.

여기에서 꺾일 수 없다는 결심을 한 그는 끈질기게 인내하며 자신에게 새롭게 주어질 기회를 엿보고 있었다. 그러다가 겨우 맡은 업무는 여직원들을 대상으로 하는 일주일간의 입소교육이었다. 하지만 이 업무는 교육팀 내에서도 모두들 하기 싫어했던 업무이기도 했다. 일주일 동안 계속해서 이어지는 고강도 훈련이다 보니 교육생들은 시간이 흐를수록 날카로워지고, 이를 통제하는 역할을 맡는다는 것이 쉽지만은 않았다. 그러나 그의 머릿속에는 최선을 다해 이 일을 완수하겠다는 생각뿐이었다. 만약 이 업무를 제대로 소화해내지 못한다면 정말로 더 이상 물러설 곳이 없었기 때문이다.

드디어 나흘째 교육. 총 8시간 동안 강을 건너는 '도강훈련'을 한 교육생들은 거의 파김치가 되었다. 입고 있던 옷이 흠뻑 젖었지만 모두들 너무 피곤한 나머지 텐트 앞에 그대로 벗어놓고 잠이 들어버렸다. 그런데 다음날 아침 놀라운 일이 벌어졌다. 물에 젖어 있던 수많은 옷들이 깔끔하게 빨랫줄에 걸려 있었던 것이다. 이 광경을 접한 교육생들은 입을 다물지 못했다. 과연 누가 그런 일을 했을까? 의문이 밝혀지기까지는 그리 오랜 시간이 걸리지 않았다. 바로 퇴사의 위기에 몰린 김 박사였던 것이다. 그는 젖은 옷들을 모두 모아서 강가로 가져가 새벽 4시까지 빨래를 했다.

그 열정과 배려에 감동을 한 교육생들은 교육평가서에 누구랄 것도 없이 모두 '최상의 만족'을 기록했다. 이제까지 '최하위 만족도'라는 수모를 면치 못했던 교육팀이 발칵 뒤집어질 일이었다. 회사도 이 결과를 놓고 깜짝 놀랄 수밖에 없었다. 그가 보여준 감동스러운 모습과 열정, 교육생에 대한 진심 어린 배려는 그에 대한 회사의 평가를 180도 뒤집었다. 그는 회사의 배려로 야간 대학에 다닐 수 있었으며 이어 대학원의 석사과정을 거쳐 박사과정까지 마쳤다. 고졸 출신의 사원이 박사가 된 것이다. 그 후 그는 소위 '잘 나간다는 사람'만 초빙 받는다는 삼성그룹 연수원의 강사로 출강하기 시작했다.

운명을 반전시키는 정신력의 힘

그의 특기는 과연 무엇이었을까? 원래 물류팀에 있었던 그가 교육팀에서 수모를 받아가며 생활했으니 '업무능력'이 특기가 되지는 않았을 것이다. 거기다가 해외 사업과의 연관성이 그리 많지 않은 분야다 보니 영어실력도 뛰어날 리가 없었다. 그의 특기는 앞서 이야기했던 '내면적이고 정신적인 특기'라고 할 수 있다. 첫 번째로는 자신의 단점을 그냥 단점으로 인정하고 포기하지 않았다는 점이다. 고졸이라는 콤플렉스, 거기에다 교육팀 배정은 모두 그에게 최악의 상황으로 작용했지만 그 순간에도 그것을 뛰어난 정신력으로 이겨낼 수 있었다. 또한 그는 초기 교육팀에 배정받은 이후 3개월이라는 시간 동안 끈질기게 인내하는 모습을 보여주었다. 말이 3개월이지 매일 출근해서 하는 일 없이 책상에 앉아있다 퇴근하는 것은 분명

수치스러운 일이었을 것이다. 이런 상황에서 나름대로 이를 악물고 잘되게 만들겠다고 '긍정적인 생각'을 했고 노력했다. 그리고 결정적으로 그는 자신에게 주어진 일에서 새로운 업무를 스스로 찾아내는 능력을 보여주었다. 어떤 면에서 봤을 때 그 업무란 하잘 것 없어 보이는 일일지도 모른다. 그래봐야 빨래였기 때문이다. 가사노동에서는 무척 중요하겠지만 삼성이라는 대그룹에서 빨래는 하찮을 일일 수밖에 없다. 하지만 그는 그 일마저도 새벽 4시까지 하는 묵묵한 모습을 보여주었다. 그가 가진 이 내면적이고 정신적인 특기는 IMF라는 혹독한 시련도 이겨낼 수 있게 해주었고, 오히려 스스로의 운명을 창조하는 반전의 힘까지 충전시켜준 것이다.

특기라는 것을 그저 업무적인 것이라고만 생각했다면 이제라도 생각을 바꿀 필요가 있다. 내면의 특기는 외형의 특기를 더욱 강하게 해준다. 기존에 가지고 있던 업무 능력에 정신의 힘, 그리고 인내의 힘까지 더해진다면 '천하무적 직장인'이 되는 것도 그리 어려운 일만은 아닐 것이다.

직원의 교육 체계 잡기와 참여율 향상법

삼성은 여러 가지 면에서 '철저하다'는 평가를 많이 받는다. 그 중에서도 소문난 것을 꼽으라고 한다면 단연 관리와 교육이다. 관리 분야에 관한 것은 이미 많은 사람들이 알고 있지만 교육 분야에 대해서는 아직 많이 알려져 있지 않은 것이 사실이다. 또한 교육과 관련해서 많은 기업들이 안고 있는 고민의 하나는 '업무와 교육이 상호 충돌하는 지점이 있다'는 점이다. 실무로 한창 바쁜 사람에게 무조건 교육시간을 빼라고 강요할 수도 없고, 그렇다고 해서 교육을 뒷전으로 하면 제대로 된 업무역량 향상과 교육이 이뤄지지 않는다. 그러다 보니 교육을 하긴 해야겠지만 늘 실무가 앞서게 되어 어정쩡한 상태가 되는 경우가 많다. 교육이 필요한 기업들에게 있어서는 반드시 해결하고 넘어가야 하는 문제이기도 하다.

일단 삼성의 기본적인 교육 프로그램부터 살펴보자. 삼성은 경영계획과 교육계획을 함께 세운다. 이는 직원 교육이라는 것이 얼마나 중요한지를 알려주는 지표라고 할 수 있다. 우선 회사에서 교육계획을 세울 때는 두 가지 점을 염두에 두어야 한다. 하나는 해당 피교육자의 직급, 그리고 그 사람의 개인적인 관심사다. 물론 여기에서 '개인적인'이라는 의미는 업무 영역에 한정되어 있다. 그러니까 삼성의 교육은 직급에 맞는 교육과 관심사에 대한 교육이 쌍방향으로 교차되면서 이루어진다고 보면 된다.

그런데 이러한 교육과는 별도의 차원에서 이뤄지는 교육도 있다. 단계별로 꼭 필요한 교육이나 업무에 절대적으로 필요한 교육이 따로 이루어진다는 이야기다. 예를 들면 승진자 교육, 6시그마 교육, 외국어 교육들이 있으며 그룹 차원에서 지역 전문가 교육, 해외 주재원 교육, 그리고 간부나 임원을 대상으로 하는 교육이 있다. 앞의 직급에 맞는 교육과 관심사에 대한 교육이 '기본 교육'의 성격을 띤다면 후자는 '특별교육'이라고 보면 된다.

그런데 아무리 좋은 내용의 교육이 있다고 하더라도 현업에 바빠 참여하지 못하는 경우가 생기게 되고, 그러다 보면 교육 자체가 형식적으로 되기도 한다. 특히 교육에 앞서 업무가 먼저인 경우가 많다보니 직원들이 업무 때문에 교육에 참여하지 못하는 사태도 많다. 하지만 이러한 상황을 무조건 방치하게 되면 교육 자체가 불성실하게 진행될 수밖에 없다. 따라서 삼성에서는 교육의 참여 정도에 대해서 인사고과를 철저하게 매겨 이는 승진에도 영향을 미친다. 교육 참여에 대한 어느 정도의 자율권은 주면서도 그것이 '방치'되지 않기 위한 마지노선을 제시한다는 이야기다. 이렇게 하면 직원들은 자신의 시간 상황을 봐가면서 교육 참여 정도를 정할 수 있고, 인사고과에 대한 압박감도 있기 때문에 효율적인 교육 진행이 가능하다.

꿈의 내비게이션,
어디까지 설정할 것인가?

일을 하는 데 있어서 순간적인 '몰입'의 가치는 무엇보다 중요하다. 하지만 그 몰입이 과도해지면 자칫 일에 '매몰'되어버리는 일이 생길 수 있다. 그럴 경우에는 그저 일에만 파묻혀 지내는 경우도 적지 않다. 그럴 경우 자신이 무엇 때문에 일을 하는지, 그리고 현재 자신이 어디로 향해 가고 있는지를 잃어버릴 수 있다. 일에 열중하는 것은 좋지만, 그것이 자칫 자신의 삶 자체를 건조하게 만들고 목표지점을 잃어버리게 할 수 있는 위험이 있다는 것이다. 이렇게 건조하고 부유하는 삶을 다시 역동적으로 만들기 위해서는 일종의 '촉매제'가 필요하다. 그것은 바로 일이라는 열정에 '꿈'을 심는 것이다. 이것은 자신의 업무와 인생을 결합시켜 정확한 목표 지점을 입력하는 것이고, 이를 통해 자신의 열정이 순간적인 '매몰'로 끝나지 않게 도와준다. 여기서 중요한 것은 과연 어느 정도의 꿈을 심는가 하는 점이다. 꿈이라는 것이 아직 이뤄지지 않은 것이다 보니 그 수위의 설정도 매우 중요한 부분의 하나라고 할 수 있다.

지금 삼성은 '세계 일류'를 향해 달려나가고 있고, 또한 그 목표가 눈앞에 보인다고 해도 과언이 아니다. 이제 전 세계 어느 곳에 가도 삼성은 "세계 최고 기업의 하나"라는 말을 들을 수 있기 때문이다. 하지만 세계 일류 기업이 되려는 목표는 그것이 불가능해 보이는 시점에 설정됐다. 세간에도 유명한 "와이프와 자식 빼고 모두 바꿔라"라는 삼성 이건희 회장의 꿈이 바로 그것이었다. 지금이야 삼성이라는 기업에게 '세계 일류'를 논하는 것이 무리가 아니지만, 사실 이 말을 했던 10년 전만 해도 삼성이 세계 일류에 도전한다는 것은 말 그대로 꿈 같은 이야기였다. 그러나 이건희 회장이 설정했던 그 '꿈의 내비게이션'은 강력한 힘을 발휘하며 삼성의 발걸음을 인도했고 결국 10년 뒤, '세계 일류'라는 것을 논할 수 있을 정도의 기업이 됐다.

이 회장이 보여준 꿈의 설정은 당시 '과도하다'고 생각될 정도였다. 1989년 이 회장이 사장단과의 식사 자리에서 당시 비서실장에게 이렇게 물었다.

"삼성전자가 언제쯤 1조 원의 이익을 낼까요?"

비서실장이 대답했다.

"한 10년 뒤면 충분히 가능하지 않겠습니까?"

그러자 이 회장이 정색을 하면 말했다.

"나는 2~3년 내에 1조 원을 낼 거라고 생각합니다."

당시 회장 비서실장의 자리라면 삼성의 돌아가는 안팎의 사정을 훤히 알고 있는 자리라고 해도 과언이 아니다. 그런 그가 '10년'이라는 대답했다는 것은 지극히 '현실적인 답'이라고 할 수 있다. 반면 이 회장의 대응은 '꿈의 힘'이 만들어낸 답이었다. 실제 삼성은 3년만인 1992년에 이미 2조 원의 경상이익을 올렸다. 이는 '현실적인 목표'보다 '불가능해 보이는 꿈의 힘'이 얼마나 강력한지를 입증해주는 사실이다.

구체적이고 정확한 지표를 설정하라

꿈의 내비게이션을 자신의 인생에 입력할 때 정말 중요한 것은 그것이 허황된 꿈이 되지 않도록 하나하나 구체적인 경로를 설정해야 한다는 것이다. 서울에서 부산까지 가기 위해서는 수없이 많은 지역을 반드시 '거쳐서' 가야 한다. 단번에 서울에서 부산으로 가는 것은 불가능한 일이다. 자신이 이루고자 하는 꿈에 대해 생각해보고 그 꿈을 이루기 위해 해야 할 것들을 써보는 것이 도움이 된다.

만약 자신의 꿈이 임원이 되는 것이라면 아주 구체적으로 임원이될 수 있는 현실적이고 객관적인 경로를 설정해야 한다. 이를 위해서는 이미 임원으로 승진한 사람의 이력과 삶의 행보를 구체적으로 분석해보는 것도 매우 효과적이다. 그가 몇 살에 어느 직급을 달았으며, 직장생활 몇 년 차에 회사에 어느 정도의 가치를 주었는지, 그리고 그것이 매년 시간이 흐르면서 어떻게 계속 발전되어 왔는지를 알아야 한다. 또한 그가 그간 주변과 윗사람에게 어떤 평가를 받아왔으며, 그것이 그의 행보에 어떤 역할을 했는지도 구체적으로 분석할 필요가 있다. 또한 이러한 분석의 과정은 자신의 기업에서 '어떤 사람을 임원으로 승진을 시키는지', 또 '어떻게 해야 임원이 되는지'를 알게 해주는 가장 구체적이고 정확한 지표라고 할 수 있다.

이러한 벤치마킹이 있어야만 자신이 가고자하는 꿈의 '경로'를 설정할 수 있고, 매 시간 그 경로를 반추해 현재 자신의 모습에 더욱 채찍질을 가할 수 있다. 꿈이 없는 직장생활은 '시간 때우기'의 전형에 불과하고 꿈이 있더라도 그 경로가 없다면 허황된 꿈에 불과하다.

자기 발전의 원동력
– '나 3.0' 만들기

사람은 '주체적인 존재'라고 말하지만 때로 사람들은 이 말을 배신하는 행위를 서슴없이 하기도 한다. 외부에서의 자극과 적절한 동기부여가 없으면 늘 자신이 하던 대로 습관적으로 안주하게 되고 역동적인 변화를 꾀하지 못하는 특성을 가지고 있다. 그럼에도 이를 한 개인의 역량 문제로만 탓할 수는 없다. 누구나 머물러서 편하게 지내고 싶은 욕구가 있는 것이 사실이기 때문이다. 하지만 우리가 알고 있는 거의 모든 '훌륭한 사람들'은 그 스스로 끊임없는 '자가 발전'을 통해서 스스로를 역동의 파도 위에 올려놓고 이를 통해 새로운 모험과 도전을 감행한다. 그들은 외부의 자극 없이도 눈을 빛내며 미래를 조망하고 자신을 미래의 모습에 맞추기 위해 끊임없이 노력한다. 한마디로 스스로를 계속해서 업그레이드시키며 '나 3.0'을 만들어내는 사람들이라고 할 수 있다.

삼성 SDI의 김 사장님은 그런 점에서 끊임없이 스스로의 한계를 벗어나기 위해 노력하고 회사 역시 그러한 변화의 물결에서 전진하도록 독려한 분이다. 한번은 직원들에게 '과거의 삼성 SDI를 벗어나라'는 주제로 사내 이메일을 보낸 적이 있었다. 그 이메일 내용을 읽으면서 본인과 회사를 변화시켜나가는 것이 어떤 의미인지, 그리고 어떻게 그러한 것들이 가능한지를 절실하게 깨달은 적이 있었다. 김 사장님은 이메일에 이렇게 적었다.

'올해 우리는 친환경 에너지 대표기업인 SDI 2.0으로 변신을 위해 노력해왔지만 생각만큼 쉽지는 않았습니다. 버전 1.0에서 2.0으로의 업그레이드는 기능을 개선하는 수준을 넘어 엔진과 파워미션을 통째로 새롭게 바꾸는 수준이 되어야 합니다. 개발, 제조부터 영업, 마케팅, 스텝까지 회사의 모든 부문에서 철저하게 옛 SDI를 극복해야 하며, 이를 위해 우리에게 절실하게 필요한 것은 강력한 응집력과 추력입니다. 그러나 SDI 2.0으로 변하기 위한 추력은 우리의 내부에 있으며 대기권을 돌파해 오르는 로켓처럼 강력한 힘으로 앞으로 나아가야 하겠습니다.'

이 글을 읽으며 가장 인상 깊었던 대목은 '기능을 개선하는 수준을 넘어 엔진과 파워미션을 통째로 새롭게 바꾸자’는 말이었다. 수많은 사람들이 ‘달라진 자신’, ‘변화, 발전하는 자신’을 원하지만 실제로 엔진과 파워미션까지 바꾸는 수준에 도달하는 경우는 그리 많지 않다. 대부분 ‘기능의 개선’에서 만족하고 그것이 가져다주는 조그만 이익에 흔쾌히 고개를 끄덕일 뿐, 더 이상의 노력을 쏟지 않는다. 하지만 가장 근원적인 부분에서 새로운 동력이 마련되지 않으면 기능의 개선이라는 것도 곧 힘을 잃어버리는 경우가 많다. ‘그저 그런 일반 엔진’을 장착한 자동차와 ‘강력한 엔진’을 장착한 자동차의 차이는 크다. 그것은 오감으로 느껴질 정도로 강한 효과를 준다.

이러한 자기 변화를 가져오기 위해서는 무엇보다도 ‘지금의 나’를 극복하겠다는 강렬한 의지를 가져야 한다. 자신을 극복한다는 것은 무척이나 힘든 일이다. 일단 자신을 극복하겠다는 마음가짐 자체가 심리적인 부담감을 주기 때문에 이제까지 내가 가지고 있었던 생각의 흐름을 끊어내기가 여간 쉽지 않다. 결국 ‘나 3.0’을 만들기 위해 변화의 계기가 마련되는 것은 적지 않은 불안과 초조, 그리고 낯선 환경들을 이겨내야 한다. 하지만 염두에 두어야 할 것은 지금의 시대는 노력하지 않으면 중간 정도 가는 것이 아니라 곧바로 퇴보하는 시대라는 점이다. 그것은 마치 마라톤을 연상하게 한다. 마라톤 선수들은 경기에서 무조건 뛰어야 한다. 뛰는 것은 ‘기본’에 불과하다.

변화를 위한 추진력은 내부에 있다

다행인 것은 이러한 나 3.0을 만들기 위한 계기는 외부가 아닌 나의 '내부'에 있다는 사실이다. 김 사장님의 지적처럼 '변화를 위한 추력은 우리 내부에 있다.' 만약 본인의 힘이 아닌 외부의 힘에 의존해야 했다면 우리는 핑곗거리를 하나 더 만들어냈을지도 모른다. 그것이 '외부'에 있어서 가져다 쓰기에 너무 힘들다고. 하지만 '다행히도' 그 힘은 각자에게 있고, 그것을 꺼내서 사용하기만 하면 된다.

그런데 '나 3.0'이 된다는 것은 단순히 과거의 나를 극복하고 벗어나 새로운 나를 만드는 것에 그치지 않는다. 강력한 엔진을 장착한 업그레이드된 '나 3.0'은 곧 미래에 대한 새로운 가능성과 희망을 볼 수 있는 통찰력을 갖게 되고, 그것을 향해 두려움 없이 달려갈 수 있는 또 하나의 추진력을 갖게 된다. 김 사장님이 어떻게 SDI를 변화시켜왔는지가 가장 대표적인 사례라고 할 수 있다. SDI의 과거 이름은 '삼성전관'이었다. 지금처럼 PDP나 LCD가 개발되지 않았을 때 삼성전관은 TV브라운관 사업을 통해 캐시카우를 유지하고 있었다. 하지만 점점 상황이 조금씩 어려워질 기미가 보이기 시작하자 김 사장님은 '전지산업'에 투자하면서 회사의 엔진을 바꿔달았다. 하지만 전지 회사는 이윤이 박했을 뿐만 아니라 '잘못 만들면 폭탄'이라는 말이 있을 정도로 리스크도 높은 편이었다. 모두들 당시의 변화에 대해 긍정적이지 못했지만 김 사장님이 가지고 있었던 선구안과 과거의 삼성전관을 벗어나려는 노력은 결국 '친환경 재생

에너지의 시대'와 만나면서 성공적인 변화를 이뤄낼 수 있었다. 이를 통해 삼성전관은 자신의 아이덴티티를 완전히 바꿀 수 있었고, '녹색산업을 선도하는 그린 컴퍼니'로 다시 태어났다. 회사의 주가 역시 5만 원에서 15만 원대로 올라갔고 실질적인 기업가치의 개선도 이뤄졌다. 이 모든 성과는 '낡은 자신'을 걷어내고 '나 3.0'으로 변하고자 하는 치열한 고민과 노력이 기반되었다고 할 수 있다.

아마도 김 사장님 역시 변화에 앞서 초조와 불안, 두려움이 있었을 것이다. 그러나 그는 과거의 틀을 깨지 않는 이상, 발전이라는 것 또한 절대로 있을 수 없다는 사실을 누구보다도 잘 알고 있었다.

성공 신화를 위해서는
'건전한 긴장'이 필요하다

'성공 신화—!'

아마도 많은 직장인들은 이 성공 신화라는 말 앞에 자신의 이름을 붙이고 싶어할 것이다. '김철수의 성공 신화', '김영희의 성공 신화'라는 말이 있을 정도라면, 그 성공은 세간의 인정을 받은 것이 분명하고 그에 따라 부와 명예까지 얻었을 것임이 틀림없다. 그런데 머리로는 성공 신화를 원하지만 몸은 성공 신화를 원하지 않는 사람처럼 행동하는 경우가 적지 않다. 이런 사람들은 몇 가지 특징적이면서도 공통적인 행동양식을 보여주는 경우가 많다.

우선 가장 대표적으로 '투덜거림'을 예로 들 수 있다. 회사에는 반드시 이런 '투덜이'들이 한 명씩 꼭 있기 마련이다. 이런 사람들은 대체로 성공 신화에서 저 멀리 떨어져 있다고 보면 된다. '투덜이' 뿐만 아니라 아예 회사 내에서 비전을 찾지 못하는 사람, 무엇이든지 부정적으로 생각하는 사람 등, 성공 신화에서 멀리 떨어져 있는 사람을 찾는 것은 그리 어렵지 않다.

그렇다면 성공 신화에 다가가는 사람들은 또 어떤 특징이 있을까? 그것은 다름 아닌 '긴장의 연속'을 참아내는 일이다. 긴장을 잘 참아내는 사람들은 대체로 업무 몰입도가 상당히 강하고 전체적인 진행속도가 묵직하면서도 빠른 성향을 가지고 있다. 여기에서 '묵직하다' 는 표현은 일의 매듭 하나 하나가 확실하다는 이야기이다. 그저 빠른 것만이 중요한 것이 아니라 일을 '잘' 하면서 빠르다는 이야기다. 물론 조금씩의 차이는 있겠지만 긴장에 대처하는 인간이 가진 인내심의 한계는 엇비슷한 경우가 많다. 그러나 진짜 성공하는 사람들은 긴장을 참아내는 인내심의 한계를 끝까지 밀어붙이는 사람들이라고 할 수 있다.

대표적인 예로 삼성전자에서 사업 본부장을 맡고 있는 민 사장님의 이야기가 있다. 그는 삼성이 PDP, LCD, 프로젝션 TV를 동시에 생산하고 있을 때 전무로 일했었다. 다양한 스펙트럼의 제품들을 동시에 생산하고 있다는 것은 회사 차원에서는 장점이 되겠지만 업무 책임자의 입장에서는 보통 힘든 일이 아니다. 특히 당시 삼성은 미국이나 유럽 시장에서 오랫동안 명성은 쌓아온 소니, 도시바, 필립스 등과 경쟁할 때였다. 아무리 삼성의 약진이 두드러진다고 하더라도 이제까지 시장을 장악해왔던 '파워 브랜드'와 싸우는 것은 결코 쉬운 일이 아니었다. 특히 미국 시장의 경우 가격, 품질 등 제품의 다양한 면에서 촌음을 다투는 경쟁이 계속되고 있었다. 다양한 판매망을 가지고 있는 대형유통업체인 '베스트 바이(Best Buy)', 혹은 '써킷시티(Circuit City)'에서 경쟁하는 것은 피를 말리는 일이었다. 예를 들어 해당 업체에서는 각 전자제품 업체들의 할인율을 전부 비밀에 부치고 있었다. 따라서 사소한 정보 하나에도 신경을 써야 하는 '첩보전'을 방불케 하는 나날들이 계속해서 이어질 수밖에 없었다. 이러한 상황에 대처하는 유일한 방법은 끊임없이 긴장상태를 유지하는 방법밖에 없다. 주말에도 갑자기 경쟁사에서 제품 할인에 들어가게 되면 그에 따른 대응을 해야 했기 때문이다. 이렇게 치열한 경쟁과 긴장의 연속에서 당시 상황을 총지휘했던 분이 다름 아닌 당시 전무였던 민 사장님이었다. 민 사장님은 비용 절약을 위한 중요한 이슈가 있으면 모든 일정이 다 끝난 뒤인 밤 10시나 11시에도 회의를 소집할 정도였다. 삼성의 파브(PAVV)가 미국과 유럽 시장을 석권하는 성공 신화를 쓰게 된 것도 바로 이때였다.

사실 당시의 상황 속에 있는 것 자체만으로는 '긴장의 연속'이다. 수없는 나날들을 촉각을 곤두세우며 산다는 것은 정말이지 쉬운 일이 아니었을 것이다. 그러나 당시 민 사장님은 그러한 긴장의 연속에서 자신을 한순간도 놓지 않고 추스르고 다스리면서 경쟁사와의 전쟁을 치러냈다. 곁에서 본 민 사장님은 오히려 그런 상황을 즐기는 듯하기까지 했다. 어쩌면 그 상황을 즐기지 않으면서 그렇게 견뎌낸다는 것이 이상하다는 생각이 들 정도였다. 하지만 그 결과 민 사장님은 단 4년 만에 부사장을 거쳐 사장까지 초고속 승진하는 성공 신화를 쓸 수 있었다.

긴장 속에서 자신을 컨트롤 하는 사람만이 성공한다

또 다른 사례는 삼성 SDI의 황 전무님이다. 그는 자신의 전문 분야가 아닌 곳에서 탁월한 성과를 냈다는 점에서 또 다른 '성공 신화'로 불리고 있다. 원래 재무통이었던 당시의 황 전무님은 맡은 일에 대해 일처리가 꼼꼼하고, 본인이 필요하다고 판단하는 일에 대해서는 깊이 파고들어 특히 부하직원들이 일을 잘할 수 있도록 도와주는 것으로 유명했다. 당시 삼성 SDI에서 새로운 PDP 공장을 지을 때 황 전무님이 프로젝트 총괄팀장으로 임명되었다. 사실 이러한 인사에는 약간의 모험이 있을 수밖에 없다. 원래 재무통이었던 사람을 공장 설립 프로젝트 총괄로 보냈으니 회사에서는 어느 정도의 리스크를 감수할 수밖에 없는 일이기도 했다. 오로지 믿는 것은 그가 보여주었던 이제까지의 능력, 그 이상도 이하도 아니었다. 그러나 당시 임원들의 판단은 적중했다. 과거 재무관련 업무를 했을 때보다 더욱 깔끔하게 일을 처리하는 또 하나의 성공 신화를 썼던 것이다. 그 결과 신규 공장 런칭 당시에 상무에서 전무로 승진할 수 있었다. 하지만 이 부분에서도 황 전무님의 보이지 않는 노력에 대해서 살펴볼 필요가 있다. 누구나 자신의 전문 분야에서는 자신감이 있기 때문에 약간의 어려움이 있다고 하더라도 노력을 통해 극복하기 마련이다. 문제는 자신이 이제까지 해보지 않았던 일을 할 때다. 이때에는 누구나 긴장할 수밖에 없고, 매일의 업무가 긴장의 연속일 수밖에 없다. 하지만 황 전무님은 그것을 마다하지 않고 최대한의 노력을 통해서 그 모든 긴장과 장애물들을 극복한 케이스라고 할 수 있다.

위의 결과들을 종합해보면, 자신의 직급, 전문 분야에 상관없이 누구나 '긴장의 연속'을 참아내면서 최고의 성과를 거두기 위해 노력한다면 '성공 신화'를 쓰는 게 그리 어려운 일이 아니라는 것이다. 하지만 이렇게 반문을 할 수 있다.

"긴장을 참아내는 것 자체가 어려운 일 아닌가?"

물론 어려운 일이다. 하지만 그렇게 말하는 것이 이미 '투덜이의 습성'은 아닌지 다시 한 번 되돌아볼 필요가 있다. 최소한 주변에서 봐온 '성공 신화'를 쓴 모든 이들은 그러한 투덜이의 습성을 뛰어넘어 극한의 긴장 속에서도 자신을 컨트롤해온 사람들이다.

일과 취미의 관계

끊임없는 긴장의 연속을 이겨내기 위해서는 특별한 방법들이 동원될 필요가 있다. 아마도 앞서 언급했던 분들도 그저 일상적인 방법만 가지고는 그러한 긴장과 스트레스를 이겨내기란 쉽지 않았을 것이다. 그런 점에서 '취미'는 일과 아주 밀접하게 연관되어 있는 분야라고 할 수 있다. 일반적으로 취미는 '머리를 식히고', '스트레스를 푸는' 일이라고 생각되지만, 내밀하게는 다음 번 일을 위해 자신을 가다듬고 또다시 다가올 긴장의 순간을 위해 자신을 완전히 비우는 일이라고 할 수 있다. 결국 '업무로부터의 해방'이 취미가 아니고 '더 강한 업무를 위한 준비'가 바로 취미가 된다는 점이다. 이는 우리들에게 취미에 대한 관점 자체를 바꿀 것을 요구하고 있다.

삼성에서 일하는 기간 중 회사가 남대문에서 수원으로 이사했다. 이 때문에 출퇴근 시간으로 많은 사람이 고생하게 되었다. 유럽에서 돌아온 송 지점장의 경우 출근거리만 70km가 되니 매일 아침 시간과의 전쟁을 치러야 했고, 같은 팀의 한 대리 역시 매일 아침 6시에 통근버스를 타야만 했다. 말이 아침 6시지, 적어도 매일 아침 5시에 일어나야만 출근할 수 있는 강행군의 연속이 아닐 수 없다. 이러한 상황에서 이 긴장의 연속을 이겨내는 한 대리만의 노하우는 다름 아닌 배드민턴이라는 취미생활이었다. 그는 오히려 새벽 5시부터 시작되는 배드민턴 동호회에 참가해 40분간 땀을 뻘뻘 흘리며 운동을 하고 출근했다고 한다. 하루가 개운해질뿐더러 건강까지 챙길 수 있어서 1석 2조라는 말까지 덧붙였다. 주어진 긴장을 견뎌내기 위해 취미를 통해 더 강하게 자신을 몰아붙인 스타일이기도 했다. 지인 중의 한 명은 상황적, 심리적으로 어려운 상황에 처해 있는 가운데 자전거를 취미 삼아 20kg 정도의 몸무게를 감량하면서 여러 가지로 의욕을 다진 경우도 있었다.

'긴장의 연속'을 이길 수 있는 방법은 무척 다양하다. 주말의 게으름이나 빈둥거림도 다음 일주일을 위한 일탈이 될 수 있고, 일상생활 속에서 소소한 행복을 찾는 것도 방법일 수 있다. 하지만 자신만의 취미생활을 찾아 그것으로 긴장의 연속을 더욱 타이트하게 이겨내는 방법도 좋은 방법일 것이다. 하지만 이러한 방법을 실천하는 데도 한 가지 노하우가 있다. 그것은 필(feel)이 왔을 때 무조건 실천해보는 것이다. 차일피일 미루다 보면 세월이 지나게 되고 힘들고 지친 생활에 안주를 하는 경우도 많다. 그렇게 되면 변화를 위한 계기를 만들지 못하고 '긴장의 연속'에 패배해 결국 슬럼프에 빠지는 경우도 흔하다.

당신은
간부가 될 자질을 갖추었는가?

대부분의 직장인이 가지고 있는 '직장에서의 꿈'이라면 바로 간부가 되는 일일 것이다. 물론 그 이상으로 올라가 임원이나 최고경영자가 된다면 더 말할 필요가 없겠지만, 현실적으로 극히 일부의 사람들만이 최고 경영자로 올라선다고 한다면 우선은 간부가 되는 것이 목표가 될 것이다. 이 책의 부록에 수록된 '간부자질 평가표'가 어느 정도의 가이드라인이 될 수 있겠지만, 이는 아주 기본적인 것에 불과하다고 할 수 있다. 특히 간부라는 것은 아랫사람들에 의해 '추대'되는 것이 아니라 더 위의 사람들에 의해 '선택'된다는 점에 더욱 특별히 요구되는 능력들이 있게 마련이다. 이는 곧 간부로의 진입이 단순히 '일'의 능력에만 한정되어 있는 것이 아님을 알려준다. 간부가 되기 위해서는 자신의 업무 영역은 물론이고 '회사 차원의 관점'에서 스스로를 봐야 한다. 만약 사장이라면 나를 간부로 쓰겠는가, 그래서 수많은 팀원들을 거느리게 하고, 그러면서도 자신을 철저하게 믿어줄 것인가를 먼저 '외부적인 시선'에서 판단을 해야 한다. 아래의 내용들은 삼성에서도 통용되는 것이지만, 꼭 삼성의 절대적인 기준은 아니다. '조직이 움직이는 원리'라는 부분에서는 그 어떤 조직에서도 동시에 통용될 수 있는 대원칙이라고 할 수 있을 것이다.

부서 간의 업무 조절 능력

자신의 일을 아주 잘한다고 해서 간부가 되는 것은 아니다. 만약 자신의 일만 잘하고 다른 것은 잘할 수 없다면 사원·대리의 역량밖에 안 된다고 말하기도 한다. 간부가 되기 위해서는 '일'의 영역을 벗어난 또 다른 영역에서도 발군의 실력을 발휘해야 한다. 그중에서도 가장 중요한 것 중의 하나는 부서간의 업무 조절 능력이다. 직원이나 팀장의 차원에서 본다면 자신의 일 그 자체가 무척 중요하게 생각되겠지만 사실 회사의 차원에서 본다면 한 팀의 업무 성과가 중요한 것이 아니라 전체가 유기적으로 돌아가는 상황에서 산출되는 성과가 더욱 중요하게 마련이다. 그러니까 냉정하게 말하자면 특정 부서가 '이기주의'를 발휘해서 만들어낸 성과는 별로 의미가 없다고까지 할 수 있다. 그것이 회사 전체의 이익에 복무하지 않는 한 그것은 '팀장 개인의 치적'에 불과할 수도 있기 때문이다. 따라서 간부로서의 자질을 갖추기 위해서는 여타 팀과의 업무 조절 능력은 필수적이라고 할 수 있다. 그런데 이러한 조절 능력이란 것이 단지 일의 배분을 잘하고 스케줄을 잘 맞추는 것을 말하지는 않는다. 앞에서도 언급했지만 그것이 전체적인 조화를 이루고 시너지 효과를 발휘해서 실질적인 성과로 도출되는 방식으로 조절해내는 것이 가장 중요한 부분이라고 할 수 있다.

아우르고 합치고 추진하게 하는 능력

아랫사람들의 분열과 갈등을 가장 빠르게 유도해낼 수 있는 것은 무엇일까? 회사의 정책이나 CEO의 경영능력도 적지 않은 영향을 미치겠지만 무엇보다 직접적이고 파괴력도 강한 것은 다름 아닌 간부의 자질과 능력이다. 간부가 한번 일처리를 잘못하기 시작하면 전체적인 일의 순환이 뒤틀려지기 시작하고, 간부가 인격적으로 존경받지 못하고 사내 정치를 시작한다면 조직은 거의 일순간에 마비될 수 있을 정도의 정체를 경험하게 된다. 이는 간부가 최고 경영자와 실질적인 업무 담당자를 조율하는 위치에 있기도 하고 나아가 그들의 가장 선봉에 서야 할 돌격대장과도 같은 역할을 맡고 있기 때문이다. 따라서 간부들에게 절대적으로 필요한 또 하나의 자질은 다름 아닌 조직원들을 아우르고 합쳐서 한곳을 향해 달려갈 수 있도록 동기를 부여하는 능력이다. 전쟁에서도 돌격대장이 무너지면 일순간에 병사들이 구심점을 잃고 당황하듯이, 조직에서도 간부들은 탄탄한 중심을 형성하면서 갈등을 흡수하고 서로를 조율하면서 직원들을 열정으로 전진할 수 있도록 해야 한다.

실제 회사의 성과에 기여하는 능력

'회사의 성과'란 것은 조직 차원에서 간부의 능력을 평가하는 상당히 중요한 잣대라고 할 수 있다. 예를 들어 신입사원은 회사의 매출 따위에는 신경 쓰지 않아도 된다. 스스로 잘 성장하면 그것으로 회사에 충분히 보답하는 것이기 때문이다. 나아가 2~3년차는 자신의 업무만 제대로 하면 된다. 팀장의 경우라면, 팀원들과 함께 해당 프로젝트를 성공적으로 끝내면 된다. 마케팅 분야라면 마케팅에서 뛰어난 실적을 증명해 보이면 된다. 이는 마케팅 분야의 직원이 수출이나 물류 쪽에는 신경 쓰지 않아도 된다는 이야기다. 여기까지가 '일반 직원'이 능력을 발휘해야 하는 업무의 카테고리다. 물론 그이상을 하는 탁월한 직원이 있으면 좋겠지만, 회사 차원에서는 우선 모두가 각자 맡은 업무만 제대로 해줘도 고마울 따름이다. 그런데 간부는 여기에 머무르지 않는다. 회사를 먹여 살리는 '매출'에 직접적인 기여를 해야 한다. 이는 영업과 상당한 관련이 있다. 하지만 이

영업은 일반 직원들이 하는 소규모의 영업을 의미하지는 않는다. 큰 규모의 영업실적을 가지고 '직원들을 먹여 살리는' 새로운 영업 창구의 개발과 그것의 달성을 의미한다. 윗선에서 보면 이러한 사람들이야말로 간부로 영입할 수 있는 최적의 능력을 갖춘 사람이라고 판단할 수밖에 없다.

먼저 모범을 보이는 능력

간부들에게 또한 필수적으로 필요한 능력이 바로 '먼저 모범을 보이는 능력'이다. 아랫사람을 다스리기 위해서는 모범을 보이는 것이 가장 빠르기 때문이기도 하지만, 시각을 좀 더 회사 차원으로 확장하게 되면 이는 곧 회사에 대한 강한 책임감을 느끼는 모습이기도 하다. 만약 한 개인이 회사에 대한 책임을 가지고 있지 않으면 사실 '솔선수범'까지 할 생각을 가지지 못하는 것도 사실이다.

'언제든 사표를 내면 그만'이라는 생각을 가지고 있는 사람을 회사에서 간부로 승진시킬 리는 없다. 책임감이 있어야만 솔선수범하게 마련이고, 솔선수범은 바로 회사에 대한 책임감을 증명시켜주는 일이기도 하다. 더불어 솔선수범은 곧 자제력과 인내력을 발휘할 수 있음을 나타내기도 한다. 먼저 앞서서 규정을 지키고 회사를 위해 충성을 한다는 것은 개인의 안위와 이익을 절제하고 회사의 이익을 더욱 앞세운다는 의미이기도 하다.

그러나 간부나 임원으로 성장할 수 있는 사람들에게 가장 중요한 것은 사람이나 일을 대하는 태도다. 우선 긍정적으로 생각하는 것이 중요하다. 긍정적으로 생각하면 긍정적으로 보이고, 긍정적인 결과를 도출해낼 수 있다. 또한 자기 자신과 일에 자신감이 있으면 업무에 속도를 더할 수 있다. 그러나 오판이나 잘못된 방향으로 과속하지 않기 위해서는 가끔씩 주변을 살펴보는 여유가 필요하다. 그래서 성공으로 가는 길목에 가장 중요한 덕목으로 '긍정', '자신감', '여유'를 꼽을 수 있는 것이다.

삼성 5년차

미래 성장의 발판을 다지며 자신과 회사의 이익을 일치시키다!

■ 업무 숙달의 상태

5년차는 대리에서도 중간급의 수준이라고 할 수 있다. 과장이나 차장이 할 수 있는 일을 거의 대부분할 수 있으며 임원, 혹은 고참 간부가 처한 상황에 대해서도 눈치로 미루어 짐작할 수 있는 위치라고 할 수 있다. 만약 5년차가 되었는데도 대리로 승진하지 못했을 경우에는 '회사를 그만두어야 하는 것이 아닌가?' 하는 고민도 한 번쯤 해본 시기라고 할 수 있다. 또한 이때는 자신에 대한 상사들의 평가나 피드백도 거의 명확해진 때라고 볼 수 있다.

■ 5년차 때 배우게 되는 일들

일단 기본적인 업무 스킬은 모두 배웠다고 할 수 있다. 따라서 이때는 전략회의 자료, 사장 보고 자료 등 아주 핵심적인 자료들을 만들게 되고 중요 사항에 대한 팔로업도 함께 진행하게 된다. 또한 고객이나 시장, 마케팅에 관련된 깊이 있는 자료를 아웃풋 할 수 있는 정도의 실력이 되어야 한다. 또한 본부장과 하는 묵직한 회의에서도 자신만의 전문 영역에 대해 발표를 할 수 있게 되고 또한 자신의 본격적인 미래 성장을 위한 발판을 다지는 때이기도 하다.

■ 5년차 때 반드시 배우고 넘어가야 할 업무 스킬

앞서 말했듯이 기본적인 업무 스킬은 모두 배운 상태다. 따라서 관계 회사나 타 부서와의 협력 등 안에서 챙겨야할 일 뿐만 아니라 대외적으로 자신의 업무를 확장시켜 나가야 한다. 5년차 정도가 되면 사안에 따라서는 국내의 임원이나 간부가 와도 응대할수 있어야 한다. 또한 고객사와 꾸준히 관계를 해왔기 때문에 고객사의 비즈니스 성장에 따라 자신의 가치가 평가된다. 따라서 모든 일을 잘 추진하기 위해서 고민도 많이 할뿐만 아니라 자신이 원하는 쪽의 일이 추진되도록 하기 위해 윗사람들 설득하는 능력도키워야 한다. 또한 모든 일에 즉각적으로 대응할 수 있는 '짬밥'을 키워야 하고, 직장의분위기에 자신을 맞출 수 있는 '눈치밥'도 있어야 하며, 까다로운 임원의 기분까지 풀어주는 여유도 갖춰야 한다. 때로는 임원이 사장에게 보고할 때 사용할 수 있는 '사장 보고용 자료'도 만들어야 한다.

■ 5년차 때 숙달해야 하는 양식

- 웬만한 업무 양식이나 비즈니스 관련 양식과 내용은 거의 완벽한 수준에서 기억하고 있을 정도.
- 더 나아가 기존의 양식을 변형할 수 있는 능력.
- 사장보고 자료 및 해외 고객을 위한 사장 발표 자료를 만들 수 있는 능력.

성공을 바라는
모든 직장인을 위해

나는 현재 하고 있는 일이 행복하다. 무척 재미있다. 새로운 고객을 만나고 비즈니스를 발전시키고, 새롭게 할 수 있는 일들을 찾아보고…… 잘 되는 순간이 있어서 좋고, 성과가 나니 즐겁다. 고객이 나를 찾아오기도 하고 고객을 만나러 여러 나라에 가기도 한다(해외 출장을 가게 되면 비행기 안에서 새로운 일을 생각하며 책을 읽을 수 있고, 또 사색에 잠길 수 있어서 그 시간을 매우 즐긴다). 그렇게 만난 고객들과 비즈니스를 확장시키기 위해 논의하는 순간은 한 번 더 점프하기 위해 준비하는 순간들이다.

그렇다고는 해도 일이 항상 잘되는 것은 아니다. 어려울 때도 있고 생각대로 잘 안 풀려서 여러 고민을 하게 될 때도 있다. 하지만, 이런 장애물이 없고 어려움이 없다면 아무나 할 수 있는 것이 아닌

가. 그리고 그런 어려움이 있기 때문에 도전할 가치가 있는 게 아닌가 하는 생각을 한다. 또 문제가 잘 안 풀릴 때 답을 찾기 위해 고민을 하는 순간들도, 힘들지만 유익한 순간들이다.

일을 잘해보고자 기존의 직원들을 독려하고 새로 뽑기도 한다. 함께 좋은 성과물을 만들어보자는 것이다. 그런데 이 일이 쉽지가 않다. 동기 부여를 하는 것도, 또 주인정신을 가지고 일하게 하는 것도 그렇다. 일을 즐기면서 하려면 한동안은 일에 미쳐야 하는 시간이 필요한데, 그것을 위해 삼성처럼 커다란 당근을 내걸기도 쉽지 않다. 그럼에도 중소기업에서 임원으로 직원들을 보면서, '일하는 방법을 조금만 바꾸고 생각을 바꾸면 일을 훨씬 잘하고 빨리 성장할 수 있을 텐데……' 하는 생각을 떨쳐버릴 수 없다.

MBA를 마치고 삼성에서 일하게 되었을 때, MBA에서 배운 것이 여러 면에서 도움이 될 거라 기대했었다. 하지만, 동경하던 삼성에서 일하게 된 것은 신나는 일이었지만, 낯선 환경에서 일을 잘하기는 대단히 힘들었다. 일하는 방식도 달랐고 서로 기대하는 것도 너무나 달랐기 때문이었다. 그렇다고 어떻게 일해야 하는지 친절하게 가르쳐주는 사람들이 많은 것도 아니었다. 실제로 몸으로 부딪히며 순간순간 고민하고 밤잠을 거르며 일하는 것을 배웠다. 그렇게 배우고 느낀 것을 여기에 정리했다.

성공을 바라는 사원, 대리에게
얼마 전 한 대학 졸업반 세미나에 참석했었는데, 그들의 진지한 모습을 보며 덩달아 나도 기분 좋았던 적이 있었다. 그들 중 많은 수는 회사에 들어가 새로운 경험을 하게 될 것이다. 사원, 대리를 거쳐 나중에는 차장, 부장 그리고 임원까지 올라갈 사람들도 있을 것이다. 그리고 그 과정 중에 여러 일들을 겪게 된다.

직장 생활을 한다는 것, 일을 잘 한다는 것은 재미있기도 하지만 쉽지 않을 때가 많다. 그런데 그 어려움은 승진해서 직급이 바뀌어도 다른 형태의 어려움으로 남기 마련이다. "피할 수 없다면 즐겨라"라는 말이 답이라고 할 수 있다. 그러한 과정에서 스스로 답을 찾으며 이겨내야 할 순간들이 많을 것이다. 이때 가장 중요한 것 중 하나가 긍정적으로 생각하는 것이다. 유행가 가사처럼 모든 것이 마음먹기 달렸기 때문이다. 아무리 힘든 일이라도 그것을 긍정적으로 보고, 나아지기를 기대하면 인내할 수 있고 좋은 결과를 얻을 수 있다. "위기는 곧 기회다 "라는 말 또한 '위기' 가 '기회' 가 될 수 있다고 생각하는 사람에게 해당하는 것이며 '위기' 가운데서도 노력하는 사람에게만 찾아오는 것이기 때문이다.

책의 전반에서 강조하고 싶었던 키워드들은 '긍정적 사고', '자신감', '여유' 였다. 긍정적 사고가 틀을 제공할 것이며, 자신감과 여유는 그 틀 안에서 승리를 이끌어내는 방법과 도구를 제공할 것이다. 거기에 한 가지 더 추가한다면 '끈기' 를 들 수 있다. 대기업이나 중소기업이나 입사 후 6개월을 버티지 못하고 중간에 나가는 사람들을 더러 볼 수 있다. 나름대로 판단의 근거가 있겠지만, 일단 한 곳에 마음을 정했다면 5년 정도는 진득하게 일할 필요가 있다. 5년이 길다면, 최소한 3년이라도 한 곳에서 일해봐야 조직에 기여하는 부분이 생기고 또 조직에 필요한 것을 배울 수도 있다. 뿐만 아니라 다른 회사에 경력직으로 입사하려 해도 이전 경력이 중요한 평가 요소가 된다.

회사에 바라는 것이 있는데 잘 안 되거나, 회사에 적응이 잘 안 될 때는 어떻게 해야 할까? 여기에 필요한 것이 '버티기의 법칙'이다. 또 'KISS(Keep it simple and stupid)의 법칙'이란 것이 있다. 미국인 선교사가 브라질의 원주민에게 도움을 주러 갔을 때 배운 말로 자기가 볼 때는 합리적이지 않고 어리석어 보여도 있는 그대로 두라는 것이다. 거기에는 이유가 있고 나름대로 좋은 점이 있기 때문이다. 입사한 지 얼마 되지 않아 너무 목소리를 높이는 것은 앞에서 얘기한 KISS의 법칙에 벗어날 수 있다. 일단 그곳에서 일하는 방식을 익히며 따르는 시간이 필요하다. 회사에 있는 기존 직원들이 나름대로 이유를 가지고 만들어놓은 방법이고 일이기 때문이다. 다만, 스스로 조직과 조직원들에 대해서 배우고 더 잘할 수 있는 방법을 생각하며, 개인의 경쟁력을 높이는 것은 중요하다고 생각한다. 그래서 어느 정도 자신의 역할을 해내며 조직과 조직원에게 동화되었을 때, 목소리를 높이는 방법이 더 효과적이다.

이렇게 조직 안에서 버티기를 할 때, 혹은 힘들 때 도움이 되는 것이 말이 통하는 사람과 이야기하는 것이다. 상대는 친구들이 될 수도 있고 배우자가 될 수도 있다. 종교를 갖는 것도 도움이 된다.

또 한 가지 조언은 회사 일을 자기 일처럼, 회사 돈을 자기 돈처럼 쓰면 인정을 받는다는 것이다. 회사 일을 자기 일이라고 생각하면 열심히 하고 잘할 수 있는 방법을 고민하게 된다. 회사는 그것을 고마워하고 어떤 식으로든 보상한다. 또 회사 돈을 자기 돈처럼 아끼는 사람에게 회사는 더 많은 돈을 쓰고 관리할 수 있는 기회를 준다. 그래서 회사 일과 돈을 자기 일, 자기 돈처럼 여겨야 하는 것이다.

성공을 바라는 CEO에게

직원들이 자신의 회사에 충성을 할 수 있을 때는 언제일까? 무엇보다 자신이 다른 회사의 직원들보다 더 많은 '혜택'을 받고 있을 때다. '다른 회사에서는 안 되는 것이 우리 회사에서는 된다'고 할 때 직원들이 느끼는 긍정적인 감정은 업무를 대할 때나, 외부에서 회사를 대표하는 일을 할 때 여실히 드러난다. 자긍심이 강한 회사를 다니는 사람들은 '티'가 나게 마련이다. 옷 하나를 입어도 회사를 대표한다는 생각에 더욱 신경을 쓸 수밖에 없고, 약속 시간을 엄수하는 데도 한층 노력을 기울이게 된다. '내가 곧 회사를 대표한다'는 생각이 머리에 박혀 있는 사람과 '나야 뭐 회사에서 별 대접도 못 받는데', 혹은 '언제든 사표 내면 그만이지'라고 생각하는 사람들은 사소한 행동 하나에서도 눈에 띄게 다른 양상을 보인다.

물론 회사에 대한 자긍심은 직원이 스스로를 발전시켜 회사에 대한 애착과 사랑을 만들어갈 수 있다. 하지만 이 부분만큼은 직원이 스스로 할 수 있는 역량보다는 회사가 개인에게 해줄 수 있는 부분이 더 많고 또 어떻게 해주느냐에 따라 그 결과에 확연한 차이가 생긴다. 결국 직원들의 애정과 사랑이 회사에 대한 뜨거운 열정을 만들어내고 그 기운이 업무에도 영향을 마치면서 회사를 발전시키고 경영성과도 향상시킬 수 있다. 그런 점에서 회사의 경영자나 간부급 사원들은 '어떻게 하면 회사에 대한 자긍심을 높일 것인가' 라는 부분에 대해 반드시 연구할 필요가 있다.

삼성의 사례를 통해서 다른 대기업이나 중소기업들이 벤치마킹할 수 있는 부분을 뽑아보도록 하자. 삼성의 직원들이 일할 때 가장 좋은 것은 '삼성' 이라는 이름값을 잘 활용할 수 있을 뿐만 아니라, 각 지역별로 그 이름에 걸맞는 혜택을 받을 수 있다는 점이다. 우선 해외출장을 갈 때 삼성 직원들은 인천 공항에서 공항 사무실을 사용할 수 있다. 인터넷 사용은 물론 간단한 간식까지 제공된다. 삼성 직원들이 워낙 출장을 많이 가다 보니 편의를 위해서 설치해놓은 것이다. 이곳의 특징은 삼성 내부 직원들만 이용할 수 있는 인트라넷도 사용할 수 있다는 점이다. 한마디로 업무를 위해 다양한 편의가 제대로 제공되고 있다.

이러한 혜택의 정점을 경험할 수 있는 것은 다름 아닌 임원이 된 순간이다. 삼성의 임원들은 다른 회사에서는 쉽게 상상할 수 없는 큰 혜택을 받는다. 일단 임원이 되는 것 자체가 '하늘의 별 따기' 처럼 어려운 일이다. 하지만 임원이 되면 일반 직원에 비해서 무려 162가지의 처우가 달라진다. 간단하게 건강검진을 사례로 들어보자. 일반 사원급이 받는 건강검진은 몇 시간 만에 끝나지만, 부장 등 간부급이 받는 건강검진은 반나절, 그리고 임원이 되면 1박

2일, 사장에게는 3박4일의 검진 프로그램이 제공된다. 검사 항목도 완전히 다르고 각각의 검사의 퀄리티도 훨씬 높다. 그러니 많은 직원들이 임원이 되기 위해 열심히 일하는 것이다.

중소기업에서 삼성의 혜택을 전부 적용하기에는 어려움이 많다. 그럼에도 중소기업은 나름대로 직원이 회사에 자긍심을 느끼게 하고 그들에게 동기 부여를 할 수 있는 방법을 강구해야 한다. 그래서 어떤 회사는 지각하지 않는 사원에게 문화상품권을 주기도 하고 '호프 데이'라는 행사도 갖는다. 좀 더 세련되고 편안한 업무공간을 만들기도 하고 제한적이지만 인센티브를 제공하기도 한다. 이러한 면에서 중소기업에서는 사고를 좀더 유연하게 만들 필요가 있다. 중소기업만이 가능한 친밀함으로 직원들을 챙길 수도 있고, 환경의 변화나 직원들의 변화에 대해 빠르게 대응할 수 있는 장점이 있다.

또한 직원들이 스스로 동기 부여를 할 수 있도록 해야 한다. 책임을 부여하고 자발적으로 책임지는 문화를 만들어야 한다. 그래야 자신이 하는 일에 자긍심을 느낄 수 있기 때문이다. 그리고 인재를 키우는 데 관심을 쏟아야 한다.

앞서 이야기한 것들이 교과서의 정답처럼 맞는 이야기이지만 실천하는 것은 쉽지 않다. 회사가 발전하기 위해서는 직원이 고민하게 만들어야 하고, 또 열심히 일하는 환경을 만들어주어야 한다. 회사마다 최적화된 답은 각각 다를 것이다. 하지만 내가 이 책에서 이야기한 방법들도 직원의 업무 효율을 향상시키고 회사 전체적으로 더 나은 성과를 내는 데 보탬이 되리라 확신한다.

부록

직장인의 또 다른 탈출구이자
미래 비전 만들기

해외 주재원 제도는 직장인들이 자신의 직장생활을 더욱 풍요롭게 만들 수 있는 아주 훌륭한 계기가 되기도 한다. 물론 그 기회가 많지 않아서 직장인들이 흔히 얻을 수 있는 기회는 아니지만 꾸준히 노력한다면 불가능할 것도 없다. 우선 주재원이 어떤 면에서 좋은지를 살펴본 후, 주재원이 되기 위해 어떤 노력을 해야 하는지에 대한 '주재원 공략법'을 알아보자.

일단 주재원이 된다는 것은 개인의 전문성을 키울 수 있는 최상의 계기 중 하나다. 특정 업무 분야, 예를 들면 기획이나 마케팅, 영업 쪽은 아주 특별한 전문성을 스스로 키워가지 않는 한 타인들에 의해서 언제든 '침범과 간섭이 가능한 영역'이라고 할 수 있다. 거기다 자신보다 뛰어난 후배나 상사가 오게 되면 아무래도 자신이 밀리는 경우까지 생길 수 있다. 그러나 주재원 생활을 통해서 해당 국가에 대한 자신만의 지식과 네트워크를 쌓아가면 그 분야에서는 독보적인 존재가 될 수 있다. 예를 들어 상사가 아무리 자신보다 업무 능력이 뛰어나다고 하더라도 '브라질에 관한 문외한'인 상사는 '브라질 전문가'인 부하에게 자문을 구하고 네트워크에 관한 부탁을 할 수밖에 없다. 또한 이러한 전문성이 쌓이게 되면 회사에서 특별한 신뢰를 받게 되고 전폭적인 지원을 얻게 되는 경우도 있다.

삼성의 브라질 주재원인 변 차장은 무려 20년을 넘게 브라질에 있으면서 자신의 전문성을 독보적으로 굳힌 사례라고 할 수 있다. 과거 브라운관 사업부로 입사한 변 차장은 입사 5년차에 브라질 공장 건설을 계기로 브라질에 파견되었고 그때부터 무려 15년간을 브라질에서 지내게 됐다. 사장님이 브라질에 출장을 가게 되면 통역을 맡는 것은 물론 현지에서 굴지의 그룹 회장과도 인맥을 맺는 등, 말 그대로 자신의 능력을 특화시켜나갔던 것이다. 그 후 한국으로 잠시 귀국해 2년 정도 생활했지만 사장님의 '특명'을 받고 다시 브라질로 파견됐다.

사실 해외 주재원의 장점은 이런 것이기도 하다. 일단 한 번 그쪽 분야에 경력을 쌓아놓으면 대체할 인력이 그리 많지 않다는 점이다. 사장의 입장에서 본다면 이미 15년간 브라질에서 근무한 베테랑 브라질 전문가를 놔두고 다른 사람을 브라질로 파견할 이유가 없기 때문이다. 또다시 브라질로 파견된 변 차장은 이제 '브라질에서 뼈를

묻을 각오'로 더욱 열심히 일하고 있다.

이렇듯 한 나라를 잘 알고 그곳에서 업무 수행능력을 보여줄 수 있다면 답답한 한국의 조직생활보다는 좀 더 자유롭게 자신이 추구하는 방향으로 업무를 진행시켜나갈 수 있고, 회사로부터도 안정적인 지원과 혜택을 받을 수 있다.

주재원에는 또 다른 장점이 있다. 그것은 바로 가족을 위한 길이기도 하다는 점이다. 중국에 파견된 차 과장은 해외 선진국을 놔두고 굳이 중국이라는 나라를 가기 위해 무던히도 노력했던 케이스다. 일반적으로 후진국으로 분류되는 나라의 주재원으로 가게 되면 자녀를 국제학교에 보내는 데 회사의 도움을 받을 수 있다. 차 과장은 솔직하게 이런 이야기를 한 적이 있었다.

"저는 한국에서 아이들 영어유치원을 보낼 능력이 안 되서 중국에 가서 영어유치원을 보내려고 생각했어요. 나중에는 국제학교도 중국에서 보내려고 해요. 그게 아버지로서 아이들에게 해줄 수 있는 가장 큰 선물이라고 생각하고 중국 주재원이 되려고 많은 노력을 했어요. 물론 제 개인적인 캐리어를 생각해서도 크게 나쁠 게 없었고요."

이처럼 해외 주재원이 된다는 것은 개인적인 전문성에서도, 그리고 가족을 위해서도 좋은 선택이 될 수 있다. 특히 직장인들 중에서도 유난히 자유로운 스타일의 사람들이 있다. 남들은 별 생각 없이 견디는 한국에서의 직장생활을 잘 견디지 못하는 성향이 있는 이들은 언제든 외국으로 가고 싶다는 생각을 많이 한다. 그런 사람들에게 해외 주재원 생활은 자신의 자유로운 성향도 추구하고 일에도 매진할 수 있다는 점에서 훌륭한 선택이 될 수 있다.

하지만 그렇다고 아무나 해외 주재원으로 갈 수 있는 것은 아니다. 주재원이 되기 위해서는 우선 해당 국가에 대한 꾸준한 정보 습득과 언어 구사 능력을 길러야 한다. 하지만 언어라는 것이 순식간에 느는 것이 아니라는 점에서, 주재원에 대한 비전을 가졌다면 외국어는 결코 게을리 해서는 안 된다. 그러나 결코 언어만 잘한다고 해서 될 일은 아니다. 최소 회사 내에서 2~3년 이상의 성실한 모습을 보여주어야 하고, 어떤 곳에서든 안정적으로 자신이 맡을 일을 해낸다는 신뢰와 믿음까지 얻어야 한다.

여기에 앞서 언급했던 결혼도 매우 중요한 요소 중의 하나다. 백 마디의 말보다는 가정을 잘 꾸려나가는 모습이 주는 신뢰감이 주변 사람들에게 확실한 믿음을 줄 수 있기 때문이다.

이와 더불어 중요한 것은 해당 국가 사람들에 대한 치열한 연구다. 결국 비즈니스도 사람이 한다는 점에서 해당 국가 사람들의 기질, 정서, 분위기 등을 잘 알아야 하고, 이를 업무에 활용할 줄 알아야 성공적인 주재원 생활을 할 수 있다.

간부자질 평가표

다음 페이지의 간부자질 평가표는 자신이 속한 회사에서 간부와 임원으로 성장할 수 있는지를 평가해보는 표다. 다소 주관적인 부분이 있을 수도 있지만 오랜 세월 삼성에서 일하면서 나름의 기준표를 만들어본 것이니 분명 회사 생활에 참조할 부분이 있을 것이다.

각 문항당 5점으로 채점하면 되고 90점 이상이면 현재의 페이스대로만 일을 해나가도 충분히 간부나 임원이 될 수 있다고 판단된다. 70~85점 정도면 노력 여하에 따라 빠른 성장을 할 수 있을 것이다. 하지만 70점 미만이면 스스로 반성하면서 좀 더 노력해야 하는 케이스다.

본인이 점수를 얻지 못한 사항에 대해서는 개선안을 따로 마련해놓았으니 참고하면 될 것이다. 문제를 읽고 많은 생각을 하고 답을 고를 필요는 없다. 그때그때 순간적으로 떠오르는 생각으로 답을 선택해보자.

※ 간부자질 평가 문항

회사 :   이름(직급) :   날짜 :

1. 나는 일할 때 회사 일이 곧 자신의 일이라고 생각하고 항상 최선을 다한다. ·· (   )
　　① 예   ② 아니오

2. 나는 회사에서 기본적으로 필요한 OA(워드, 엑셀, PT) 등을 능숙하게 다룰 수 있다. ·· (   )
　　① 예   ② 아니오

3. 나는 일반적으로 일하거나 생활할 때 긍정적으로 생각한다. ··· (   )
　　① 예   ② 아니오

4. 나는 일생을 통해 이루고 싶은 꿈이 있다. ·················· (   )
　　① 예   ② 아니오

5. 나는 꿈을 이루기 위해 작은 것이라도 노력하고 있다. ······· (   )
　　① 예   ② 아니오

6. 나는 여가 시간을 즐겁게 보낼 수 있는 나만의 취미가 있다. ··· (   )
　　① 예   ② 아니오

7. 나는 매일 아침 두 개 이상의 신문을 보고 있다. ··········· (   )
　　① 예   ② 아니오

8. 나는 두 개 이상의 주간지나 월간지를 보고 있다. ·········· (   )
　　① 예   ② 아니오

9. 나는 문제가 생기면 당황한 나머지 일단 상급자에게 달려간다. ( )
　① 예　　　　　　　　　　② 아니오

10. 나는 회사 근처의 맛집을 10곳 이상 알고 있다. ( )
　① 예　　　　　　　　　　② 아니오

11. 나는 영어로 외국 사람과 편안하게 대화할 수 있다. ( )
　① 예　　　　　　　　　　② 아니오

12. 나는 영어로 이메일을 쓰고 해석하는 데 전혀 문제가 없다. ( )
　① 예　　　　　　　　　　② 아니오

13. 나는 직장의 상사와 관계가 좋지 않다. ( )
　① 예　　　　　　　　　　② 아니오

14. 나는 직장 상사가 바라는 바가 무엇이고 어떤 것을 더 좋아하는지 잘
알고 있다. ( )
　① 예　　　　　　　　　　② 아니오

15. 나는 동료와 좋은 관계를 유지하고 있으며 후배 직원들이 나를 믿고
따른다. ( )
　① 예　　　　　　　　　　② 아니오

16. 나는 일주일에 4회 이상 꾸준히 운동을 하고 있다. ( )
　① 예　　　　　　　　　　② 아니오

17. 나는 매력적인 사람이다. ( )
　① 예　　　　　　　　　　② 아니오

18. 나는 유혹(뇌물, 유흥 등)을 이겨낼 수 있는 자신이 있다. ( )
　① 예　　　　　　　　　　② 아니오

19. 나는 항상 깨끗한 복장을 한다. ( )
　① 예　　　　　　　　　　② 아니오

20. 나는 언제나 일찍 출근한다. ( )
　① 예　　　　　　　　　　② 아니오

※ 문제 해설 및 도움말

1. ① 5점	② 0점
2. ① 5점	② 0점
3. ① 5점	② 0점
4. ① 5점	② 0점
5. ① 5점	② 0점
6. ① 5점	② 0점
7. ① 5점	② 0점
8. ① 5점	② 0점
9. ① 0점	② 5점
10. ① 5점	② 0점
11. ① 5점	② 0점
12. ① 5점	② 0점
13. ① 0점	② 5점
14. ① 5점	② 0점
15. ① 5점	② 0점
16. ① 5점	② 0점
17. ① 5점	② 0점
18. ① 5점	② 0점
19. ① 5점	② 0점
20. ① 5점	② 0점

1. 회사 일을 내 일이라고 생각하면 자연스럽게 더 신경쓰게 되고 일을 더 잘할 수 있게 된다. 그리고 작은 것도 더 소중하게 생각하고 절약하게 된다. 그것은 윗사람이나 동료가 보기에도 상당히 믿음이 가는 자세다.

2. 이것은 기본이다. 모르면 공부해야 한다. 책을 사고 가능하면 학원에 가라. 그것도 안 되면 인터넷 강의라도 들어야 한다.

3. 긍정적인 태도는 두말할 나위 없이 중요한 것이다.

4. 꿈이 있는 사람은 더 열심히 산다. 어떤 때는 너무 바빠서, 그리고 생각대로 잘 안 돼서 꿈을 잊고 살 수도 있다. 그리고 아무 생각 없이 사느라 꿈에 대해 생각을 안 하면서 살 수도 있다. 그러나 작은 것이라도 본인의 꿈을 갖는다는 것은 인생을 좀 더 재미있고 신나게 살 수 있는 방법이 된다.

5. 꿈이 있고 그것에 마음이 있으면 노력하게 된다.

6. 취미가 있으면 스트레스 해소에 도움이 된다. 물론, 그 취미가

가족의 생활이나 직장 생활에 방해가 될 정도로 심각하면 안 될 것이다.

7. 신문을 보면 세상 돌아가는 것을 이해하는 데 도움이 된다. 무식하지 않으려면 신문을 봐야 한다.

8. 신문 외에 주간지나 월간지까지 보고 있다면 좀 더 경쟁력을 가질 수 있다. 이것은 본인에게 플러스 알파가 될 수 있는 사항이다.

9. 문제가 생기면 먼저 스스로 원인과 해결책을 고민해야 한다. 아무런 생각 없이 상사에게 달려가기만 한다고 '장땡'은 아니다. 물론 혼자서 부여잡고 문제를 더 키워서도 안 되겠지만, 최소한 스스로 해결하려 노력하는 자세가 중요하다.

10. 회사 근처의 맛집을 안다는 것은 자기 회사 주변환경에 관심이 있다는 것을 의미할 뿐만 아니라 언제든 손님을 잘 접대할 수 있다는 장점도 있다.

11. 영어를 쓸 수 있는 것은 점점 기본이 되어가고 있다. 힘들면 공부해야 한다.

12. 말은 어렵더라도 이메일을 쓰고 읽는 것은 좀 더 기본이라고 사람들은 생각한다. 영어로 읽고 쓸 수 있는 능력을 갖춰야 한다.

13. 상사와 가능하면 좋은 관계를 유지하는 것이 좋다. 직장 내에서 자신이 할 수 있는 일, 그리고 배울 수 있는 것과 관련해 상사가 많은 영향력을 행사할 수 있으므로 가능한 한 좋은 관계를 유지하는 것이 좋다.

14. 상사는 회사가 나아가는 방향을 본인보다 더 잘 알고 있는 사람

이다. 따라서 상사가 바라는 것은 직·간접적으로 회사가 바라는 것과 관계가 많다. 따라서 상사가 나아가려고 하는 방향을 잘 이해하고 보조를 맞출 수 있는 것이 본인의 성장에 도움이 된다. 그리고 그 상사에게 좀 더 후한 점수를 따려면 그 상사가 선호하는 사항을 아는 것도 중요하다.

15. 일을 잘하려면 주변의 동료들과 좋은 관계를 유지하고 협력 관계를 유지하는 것이 중요하다. 일을 더 잘하게 되면 직장생활도 좀 더 즐겁게 할 수 있기 때문이다.

16. 체력은 국력이다. 건강하지 않으면 일도 제대로 할 수 없다. 건강하기 위해 노력해야 하고 그것을 위해 운동해야 한다.

17. 매력적인 사람과 함께 있다는 것, 그리고 그들과 함께 일한다는 것은 신나는 일이다. 스스로 매력적인 사람으로 평가받는다면 본인 스스로도 더 열심히 일할 수 있을 것이다.

18. 성공한 사람들은 많은 경우 힘들고 어려운 시기를 이겨낸 사람들이다. 혹자는 성공한 사람은 대가를 먼저 치른 사람이고 실패한 사람은 그 대가를 나중에 치른 사람이라고 이야기한다. 성공의 대가 중 하나는 유혹을 이겨내는 것이다. 본인이 유혹에 빠진다면 그만큼의 시간과 정력을 낭비하게 되고, 성공에서 점점 더 멀어질 뿐이다. 성공했다고 해도 유혹에 무너져 그 성공이 가치 없게 될 수도 있다.

19. 사람은 그 사람의 복장이나 첫 인상이 많은 부분을 좌우하게 된다. 따라서 깨끗한 복장을 하는 것은 중요하다.

20. 가능하면 일찍 출근하는 것이 좋다. 다른 사람들보다 미리 준비
할 수 있고, 갑자기 비상 상황이 발생하더라도 좀 더 능동적으로
대처할 수 있기 때문이다.

삼성의 면접법과 면접 질문

이번에는 삼성에서의 면접법과 면접에서 나오는 질문에 대해서 살펴보고 넘어가자. 삼성은 매년 계열사별로 신입사원들을 뽑지만 수시로 경력직 사원들도 면접하고 채용한다. 나도 MBA 출신 간부로서 인사팀의 추천으로 MBA와 신규 채용의 인터뷰어로 여러 번 참여했다. 면접을 하면서 느낀 도움이 될 내용들을 간단히 정리하면 다음과 같다.

우선 인터뷰에 대한 개념부터 재점검할 필요가 있다. 흔히 인터뷰를 일종의 '시험'으로 생각하는 사람들이 많다. 그래서 이 '시험'에 통과해야 원하는 회사에 들어갈 수 있다고 생각하는 것이다. 물론 면접 인터뷰에는 분명히 그런 면이 있지만 그렇게 수동적으로 생각해서는 제대로 된 '자기주도적 인터뷰'를 하기가 쉽지 않다. 따라서 인터뷰는 '자신을 홍보하는 자리'라고 생각해야 한다. 이렇게 생각하게 되면 일단 인터뷰에 대해서 주눅이 들지 않게 되고 자신이 무엇을 어떻게 설명해야 하는지 일목요연하게 정리할 수 있다.

즉, '어떤 질문이 나올까? 과연 내가 제대로 대응할 수 있을까?'라는 태도를 갖는 것이 아니라 '어떤 질문이 나오더라도 내가 할 수 있는 최대한 내 강점을 어필하겠다'는 태도를 갖는 것이 상대방이 느끼기에는 상당히 다른 의미로 다가올 수 있다는 것이다.

그렇다면 이제 어떤 것을 홍보할 것인가가 무척 중요하다. 고상한 전문 용어를 쓰지 않고 솔직하게 표현해보자면 아래와 같다. 실제 면접을 볼 때도 상당수의 면접관들이 본질적으로는 다음과 같은 두 가지의 질문에 대한 판단에 고심한다.

- 거짓말을 하지 않는 사람인가? (믿을 만한 사람인가?)
- 자기 밥값을 할 사람인가? (업무를 효과적으로 수행할 수 있는가?)

물론 면접관에서 따라서 여러 가지 채용기준을 가지고 있을 것이다. 열정, 패기, 도전정신 등등을 논할 수 있지만 결국은 이 두 가지 문제로 요약될 수 있다. 우선 '믿을 만한 사람'이라는 전제가 있어야 한다. 아무리 일을 잘한다고 해도 거짓말을 하고, 자신의 성과를 속이고 성실하지 못하다면 이런 사람을 뽑을 회사는 없다.

그 다음은 업무 수행의 능력이다. 회사와 직원은 노동을 둘러싼 일종의 계약 관계라고 할 수 있다. 따라서 이 계약 관계가 훌륭하게 이뤄질 수 있는지를 판단하는 것이다.

하지만 이 과정에서 무엇보다 중요한 것은 과장하지 않는 것이다. 자신의 강점을 잘 홍보해야겠다는 생각으로 과장하기 시작하면, 이는 첫 번째 본질적인 요건, 즉 '믿을 만한 사람인가?'라는 판단에 악영향을 미치게 된다. 이와 동시에 비논리적인 이야기를 하는 것도 치명적이라고 할 수 있다.

때로는 면접관이 "자신의 단점을 솔직하게 이야기해보라"는 주문을 하는 경우가 있다. 이럴 때는 조금 특별한 대답이 필요하다. 한번은 팀장을 뽑는 인터뷰에 참여한 적이 있었다. 한 후보자는 명문대를 졸업하고 대기업에서도 꽤 오래 근무했었다. 거기다가 해외 지사에서 지사장으로 혼자 근무하면서 여러 가지 일을 처리한 경력까지 가지고 있었다. 꽤 유력한 입사 후보자 중의 한 명이라고 생각할 만한 이력이었다.

그런데 "자신의 단점을 설명해보라"는 질문에 그는 "팀원들을 관리하는 것이 힘들다"고 말했다. 정직하고 순수해보이는 답변이기는 했지만 회사의 입장에서는 그를 뽑는 것이 망설여지는 대목이었다. 그래도 팀장급으로 입사를 하는데 스스로가 팀원 관리가 어렵다고 토로하니 면접관도 달리 방법이 없다.

그렇다고 해서 자신의 단점을 무조건 감추라는 이야기는 아니다. 오히려 면접관들은 "나는 단점이 없습니다"라고 말하는 사람을 신뢰하지 못할 사람으로 판단한다. 따라서 단점에 대해서 이야기할 때에는 최대한 그것을 커버할 수 있는 다른 능력을 제시하거나 또는 향후 그 부분에 대해서는 자신만의 대안을 가지고 있음을 어필해야 한다.

회사 자체에 대해 열정이 없는 것처럼 비춰지는 것도 적지 않은 문제다. 이는 신입사원보다는 경력사원을 뽑을 때 더욱 도드라져 보이는 문제이기도 하다. 경력사원 면접 인터뷰 때의 일이다. 그는 영어도 꽤 잘하는 사람이었고, 캐릭터도 매력적인 사람이었다. 하지만 안타깝게도 직장을 여러 번 옮긴 경력이 있어서 그 부분에 대해서 질문을 해보았다.

그는 의외로 자신의 미래에 대해 부정적인 생각을 가지고 있었다. 그는 "지금 열심히 일하면 승진을 할 수는 있겠지만 어차피 임원이 되기는 힘들 것이니 한 10년 정도 일하다가 나중에는 농사를 지을 생각이다"라는 답변을 했다.

물론 개인의 미래를 설계하는 것은 개인의 문제이지만 너무도 솔직하게 '나에게 회사는 그냥 밥벌이에 불과하다'고 고백하는 것은 면접관을 당혹스럽게 하는 대답임에는 틀림없다. 우선 그는 자신에 대해서 스스로 부정적으로 생각하는 경향이 강한 것으로 판단할 수밖에 없다. 실제로 그가 입사 후 2년 뒤에 회사를 그만두고 농사를 지어도 상관은 없다. 하지만 처음부터 지나치게 회사에 열정이 없다는 모습을 일부러 보여줄 필요는 없다.

또 한 가지 중요한 것은 면접관이 유쾌하지 않은 질문할 때다. 이때 면접자는 특히 주의해야 한다. 대부분 면접관이 이러한 질문을 하는 것은 '향후의 돌발적인 상황에서 면접자가 어떻게 대처하는가'를 알고 싶어하는 경우가 대다수다. 일을 대하는 태도에 있어서 상사들이 거칠고 엄하게 몰아붙일 때도 있다. 만약 그런 경우가 생겼을 때 면접자가 어떤 태도를 취할 것인지 미리 알아보려는 경우라고 할 수 있다. 이때에는 당황하지 말고 상대의 질문 의도를 잘 헤아리는 것이 무엇보다도 중요하다.

다음의 질문에 대한 '정답'은 없다. 그러나 중요한 것은 앞에서 이야기했던 '믿을 만한 사람인가?', '업무 수행 능력이 있는가?'라는 관점에서 답변해야 하며, 이 과정에서 자신을 최대한 홍보한다는 입장에서 답변을 설계하면 될 것이다.

※ 삼성에서 사원을 뽑을 때 하는 질문

1. 학교나 전 직장에서 가장 크게 성취했던 것은 무엇입니까?
2. 본인 소개를 해보세요.(가장 기본적인 질문이지만, 가장 하기 쉬운 질문이기도 하다)
3. 본인의 장점이나 단점에 대해서 이야기해보세요.
4. 영어를 잘할 수 있나요?
5. 이 회사에 입사하면 본인이 잘할 수 있는 것은 무엇입니까?
6. 우리 회사에 대해서 알고 있는 것은 무엇입니까?

7. 우리 회사에 기여할 수 있는 것은 무엇입니까?

8. 회사가 당신을 꼭 뽑아야 하는 이유를 이야기해보세요.

9. 마케팅 · 전략 · 기획 또는 전공 키워드의 개념에 대해 말해보세요.

10. 당신이 존경하는 사람은 누구입니까?

11. 가족 관계는 어떻게 됩니까?

12. 성장 배경에 대해 이야기해보세요.

13. 유학을 가기 전에는 어떤 일을 했나요? 유학을 결정하게 된 요인은 무엇입니까?

14. 조직 내에 융화되기 어려운 부하직원이 있다면 어떻게 할 것입니까?

15. 이 회사에 지원한 동기가 무엇입니까?

16. 평생 이루고 싶은 꿈이 있습니까?

17. 본인이 일하게 될 회사, 분야에 대한 지식은 있습니까?

18. 희망 연봉은 얼마입니까?

19. 회사를 옮긴 경력이 있는데, 두 번째 직장을 그만둔 이유는 무엇입니까?

20. 본인 스스로에게 점수를 준다면 몇 점이라고 생각합니까?

※ 면접 시 해야 할 것과 하지 말아야 할 것

해야 할 것(Do's)

1. 정직하라.

2. 긍정적으로 생각하고 답하라.

3. 장점을 조리 있게 표현하라.

4. 자신이 어떤 성과를 낼 수 있을지 어필하라.

5. 자신감을 가져라.

6. 잘될 것이라고 믿어라.

7. 특기와 장점을 어필할 준비를 하라.

8. 간단한 영어는 기본적으로 준비하고, 회사나 인더스트리에 대해 미리 공부하라.

9. 단정한 복장을 준비하라.

10. 편하게 웃을 수 있는 여유를 가져라.

하지 말아야 할 것(Don't s)

1. 거짓말하지 마라.

2. 부정적으로 생각하고 답하지 마라.

3. 단점을 있는 그대로 말하지 마라(자신만의 개선점을 제시하고, 그로 인해 배운 것을 설명하라).

4. 과거의 실패가 실패 자체로 끝났다고 말하지 마라.

5. 주눅 들거나 너무 긴장하지 마라.

6. 잘 안 되면 어떻게 하나 걱정하지 마라.

7. 특기나 장점이 없다고 말하지 말고 미리 생각해서 가라.

8. 영어를 못한다고 하지 말고 간단하게라도 외워서 가라.

9. 지저분한 옷이나 캐주얼을 입지 마라(면접관은 단정한 양복을 기대한다).

10. 긴장이 되도 인상을 쓰지 마라(인상을 쓰지 않아도 기본적으로 긴장하기 때문에 실제보다 덜 매력적으로 보일 수 있다).